RECLAM
Denkraum

Markus Rieger-Ladich

Das Privileg

Kampfvokabel und Erkenntnisinstrument

RECLAM
Denkraum

2022 Philipp Reclam jun. Verlag GmbH,
Siemensstraße 32, 71254 Ditzingen
Umschlaggestaltung: Herr K | Jan Kermes
Druck und Bindung: CPI books GmbH, Birkstraße 10, 25917 Leck
Printed in Germany 2022
RECLAM ist eine eingetragene Marke
der Philipp Reclam jun. GmbH & Co. KG, Stuttgart
ISBN 978-3-15-011409-4

Auch als E-Book erhältlich

www.reclam.de

MIX
Papier aus verantwortungsvollen Quellen
FSC® C083411

Inhalt

Warum gibt es dieses Buch?

Vor gut hundert Jahren, im April 1922, wurde meiner Großmutter ihr Abschlusszeugnis ausgehändigt. Josefine Imhof war »Jahrgang 09«, wie sie das nannte, wobei der Dialekt aus Unterfranken, ihrer Heimat, immer deutlich zu erkennen war. Sieben Jahre lang hatte sie die Volkshauptschule in Laufach besucht. Und das mit Erfolg: Ihr Zeugnis verzeichnete dreizehnmal die Bestnote; nur beim Singen musste sie sich mit einer Zwei begnügen.

Gleichwohl war dieses Zeugnis weitgehend wertlos. Es eröffnete meiner Großmutter keine nennenswerten beruflichen Perspektiven. Als Tochter eines Vaters, der sein Geld als Arbeiter in einer Metallfabrik verdiente, und einer Mutter, die sich um den Haushalt der sechsköpfigen Familie kümmerte, führte ihr Weg direkt in eine Kleiderfabrik, wo im strengen Akkord gearbeitet wurde.

Dieser entkam sie erst, als sie von einer weithin angesehenen Familie als Dienstmädchen angestellt wurde. Es erfüllte sie mit großem Stolz, für die »Herrschaft« arbeiten zu dürfen. Wann immer sie von dieser Zeit erzählte, wurde deutlich, dass es einer Auszeichnung gleichkam, mit der Pflege der feinen Tischdecken betraut zu werden oder die Heißmangel zu bedienen.

Josefine Imhof wuchs in einer Welt auf, die von ausgeprägten Asymmetrien und Hierarchien strukturiert war. Es gab die »bessern Leut'«, und es gab die »einfachen Leut'«. Sich selbst zählte sie zu den Letzteren. An der Legitimität dieser Zweiteilung der Welt hatte sie nie Zweifel anklingen lassen. Weit davon entfernt, die ungleiche Verteilung von Kapital und Teilhabe, von Anerkennung und Lebenschancen zu kritisieren, genoss sie es, als Dienstmädchen Teil eines großbürgerlichen Haushaltes zu sein. Von der Aura dieser Familie, die sie ausgesprochen fair behandelte, strahlte etwas auf sie ab. So hat sie das wohl erlebt.

Für unsere Ohren klingen solche Schilderungen befremdlich. Es regt sich ein gewisses Unbehagen, wenn wir Erzählungen lauschen, nach denen manchen Personen mehr zustehen soll als anderen, wenn unterstellt wird, dass eine kleine Gruppe Anspruch auf eine Sonderbehandlung besitzt. Die Irritationen nehmen noch zu, wenn diese eigentümlichen Botschaften ausgerechnet von jenen verkündet werden, die selbst keinerlei Begehrlichkeiten erkennen lassen, die bereitwillig in die zweite Reihe treten und ihre Bestimmung in einer dienenden Funktion zu finden scheinen.

Auch wenn die extreme Ungleichverteilung von Ressourcen und Entwicklungsmöglichkeiten noch immer existiert, lässt sich doch beobachten, dass die Zustimmung zu den herrschenden Verhältnissen zunehmend aufgekündigt wird. Viele derer, die lange Zeit übervorteilt und für ihre »Bescheidenheit« geschätzt wurden, erheben nun ihre Stimme, melden sich zu Wort und artikulieren ihren Unmut. Sie pochen darauf, endlich gehört zu werden und machen unbequeme Sachverhalte zum Gegenstand. Sie thematisieren Rassismus und Sexismus, weisen auf Antisemitismus und Islamfeindlichkeit hin, identifizieren Homosexuellen- und Transfeindlichkeit.

Eines der wirkungsvollsten Instrumente, auf das Aktivist:innen dabei zurückgreifen, ist der Begriff des Privilegs. Seit einigen Jahren prägt er politische Debatten, studentische Diskussionen und popkulturelle Kontexte. Kaum eine Zeitdiagnose kommt ohne ihn aus. Und das aus gutem Grund: Mit seiner Hilfe lassen sich gesellschaftliche Phänomene als Missstand markieren und skandalisieren. Ob es um ökonomische Ungleichheit, patriarchale Strukturen oder institutionelle Diskriminierung geht – in jedem Fall bietet sich eine Variante des Privilegienbegriffs an, um der jeweiligen Kritik Nachdruck zu verleihen. Auf diese Weise hat sich der Begriff des Privilegs zu einer populären Kampfvokabel entwickelt.

Und doch wird immer wieder einmal der Verdacht geäußert, es handele sich bei der Privilegienkritik um ein Projekt von Eliten: Jene, die bei den gesellschaftlichen Verteilungskämpfen zu den Verlierer:innen zählen, würden dabei geflissentlich übersehen. Ausgerechnet die Gruppe, die meine Großmutter zu den »einfachen Menschen« zählte, würde davon nicht profitieren. Ihre Interessen, heißt es, würden in den identitätspolitischen Debatten kaum gehört. Unvertraut mit dem akademisch geprägten Jargon, in dem diese Auseinandersetzungen geführt werden, würden sie ein weiteres Mal übergangen.

Diesem Verdacht will ich in meinem Buch nachgehen. Gerade weil ich die Kritik an Privilegien für unverzichtbar halte, müssen wir beobachten, wer dabei vergessen wird. Statt also die Privilegienkritik zu diskreditieren, gilt es, sie weiterzuentwickeln – und ihre Praxis auf den Prüfstand zu stellen. Dementsprechend richte ich das Augenmerk darauf, *wie* wir von

Privilegien sprechen: Wer wird dabei zum Gegenstand gemacht? Und wer nicht? Wessen Interessen werden dabei artikuliert? Und welche werden übersehen?

Wenn die Diskussion um Privilegien eine solche selbstkritische Wendung nimmt, ließe sich womöglich vermeiden, dass die Opfer von Armut und Ausgrenzung, von Diskriminierung und Anfeindung noch länger gegeneinander ausgespielt werden. Ich hoffe, dass mein Buch zu dieser Selbstverständigung einen Beitrag leistet. Dann hätte es seinen Zweck erfüllt.

Gewidmet sei es Josefine Imhof, meiner Großmutter. Sie hoffte immer auf Visitenkarten ihrer beiden studierenden Enkel, von meiner Schwester und mir. Sie hat es nicht mehr erlebt, als wir damit begannen, akademische Titel zu sammeln.

1 Worum wird gestritten?

Mitte der 1970er Jahre wähnt sich Jürgen Habermas im Bürgerkrieg. Der Frankfurter Philosoph, der zu jener Zeit am Max-Planck-Institut in Starnberg forscht, hatte zwar schon seine Ideen zur herrschaftsfreien Kommunikation lanciert, sich aber auch als streitbarer Zeitdiagnostiker mit präzisem Timing einen Namen gemacht. Als sich in der Wissenschaft die konservativen Kräfte sammeln und gegen den liberalen Zeitgeist Sturm laufen,[1] bezieht Habermas in einem Essay für den *Merkur* öffentlich Stellung, markiert seine Gegner. Und nennt die Namen derer, die sich gerieren, als wären sie an einer heftig umkämpften, »semantischen Bürgerkriegsfront« im Einsatz.[2]

Hans Maier, Helmut Schelsky und Hermann Lübbe, namhaften Vertretern der Politikwissenschaft, Soziologie und

Philosophie, wirft er vor, sich in den Schützengraben begeben und das Visier heruntergeklappt zu haben. Die Objekte ihrer Attacken sind jedoch keine politischen Gegner oder missliebige Kollegen: Es sind Begriffe und Redewendungen, an denen sich ihr Unmut entzündet. Die Fachvertreter beklagen den Vormarsch sozialwissenschaftlicher Fachbegriffe und deren Einflussnahme auf die Umgangssprache. In besonderer Weise engagiert sich Helmut Schelsky. Der Bielefelder Soziologe sieht in der Rede von »struktureller Gewalt«, von »Emanzipation« und »Sozialisation« nichts Geringeres als eine ernst zu nehmende Gefahr für die Freiheit des Einzelnen: »Die Beherrschung durch Sprache scheint uns die vorläufig letzte Form der Versklavung von Menschen zu sein [...]. In der Herrschaft durch Sprache ist ein Herrschaftsgrad von Menschen über Menschen erreicht, demgegenüber physische Gewalt geradezu veraltet ist.«[3]

Eine ähnliche Kritik trug der Philosoph Robert Spaemann vor. Im Rahmen eines Münchner Kongresses, der im Herbst 1975 jene zusammenführte, die einem konservativen Weltbild wieder zur Geltung verhelfen wollten, sprach er über Emanzipation.[4] Nach einer Erinnerung daran, dass es sich hierbei um einen Rechtsbegriff handelt, kam er auf dessen erstaunliche Karriere zu sprechen und den Bedeutungswandel, den dieser dabei erfahren habe. Bezeichne Emanzipation in der Sphäre des Rechts lediglich das Heraustreten aus der Gewalt des Vormunds, werde der Terminus in öffentlichen Debatten auf eigentümliche Weise überhöht: »Emanzipatorisch« habe die Nachfolge des Adjektivs »gut« angetreten und werde allenthalben dafür verwendet, Handlungen unterschiedlichster Art zu adeln. In den Adelsstand erhoben würden damit zugleich auch jene Berufsgruppen, welche die Verantwortung dafür reklamieren, andere – und eben nicht nur junge, schulpflichtige Menschen – aus dem Stand der Unmündigkeit herauszuführen. Die beliebte Rede von Emanzipation sei daher beileibe nicht so harmlos, wie es auf den ersten Blick scheine. Am stärksten profitiere von dieser Mode eine linke Reflexionselite. Dieser Umstand sei nicht anders als paradox zu bezeichnen, insofern jene ihren herausgehobenen Status der Herabwürdigung genau jener sozialer Gruppen verdanke, die sie zu befreien vorgebe. Die »Emanzipationsideologie« zementiere also die Abhängigkeitsverhältnisse, die sie doch zu überwinden verspreche – so Spaemann.

Es sind solche Streitschriften, auf die Habermas mit seinem Essay reagiert. Dabei zeigt sich, dass der Frontverlauf nicht so eindeutig ist, wie dies auf den ersten Blick scheinen mag. Zunächst weist Habermas alle Anklänge an verschwörungstheoretische Erzählungen zurück. Schelskys Unterstellung, dass für den veränderten Sprachgebrauch ein kleiner Kreis linker Intellektueller verantwortlich sei, erklärt er für abwegig. Es sei nachgerade abenteuerlich anzunehmen, dass verdeckt operierende Akteure in Wissenschaft und Publizistik tätig seien und über die Etablierung eines sozialwissenschaftlichen Vokabulars die Hegemonie links-liberaler Eliten abzusichern suchten. Mit Blick auf die ungesteuerte Entwicklung der Sprache verweist Habermas das Bild einflussreicher »Drahtzieher« in den Bereich der Fantasie.

In einem anderen Punkt aber stimmt er Schelsky und Spaemann, Maier und Lübbe zu. Auch Habermas attestiert Begriffen eine beträchtliche Wirkmacht und räumt ein, dass diese großen Einfluss auf unsere Vorstellungswelt wie auch auf die gesellschaftlichen Verhältnisse nehmen können. Beide Seiten teilen also die Einschätzung, dass gesellschaftliche Auseinandersetzungen häufig dadurch entschieden werden, dass es einer Seite gelinge, einflussreiche Begriffe zu besetzen, machtvolle Narrative zu etablieren und dadurch neue Vorstellungsräume zu eröffnen. Der Konflikt zwischen den unterschiedlichen Lagern entzündet sich somit weniger an der grundsätzlichen Frage nach der Macht von Sprache, sondern daran, wie semantische Innovationen zu bewerten seien: Im Unterschied zu den genannten Kollegen begrüßt Habermas die Tatsache, dass nun vermehrt Begriffe wissenschaftlicher Diskurse in die Umgangssprache aufgenommen werden und diese zu verändern beginnen.

Brisante Kippeffekte

Was lässt nun die sozialwissenschaftlichen Begriffe aus Habermas' Perspektive so attraktiv erscheinen? Wie lässt sich erklären, dass ein überschaubares Set von Vokabeln die einen Versklavung fürchten lässt, während das Gegenüber beträchtliche Hoffnungen an sie knüpft?

Obwohl die neuen Begriffe aus unterschiedlichen Disziplinen stammen – Habermas nennt neben Soziologie und Geschichtswissenschaft auch Psychoanalyse und Evolutionstheorie –, weisen sie doch gemeinsame Merkmale auf. Charakteristisch für die Begriffe »Emanzipation«, »Sozialisation« und »strukturelle Gewalt« ist der Umstand, dass sie in der Lage sind, vertraute Sachverhalte zu befremden. Sie befähigen jene, die mit ihnen in Kontakt kommen, auf Distanz zu ihrem Alltag zu gehen. Anders formuliert: Das, was in der Vergangenheit kaum einmal zum Gegenstand von Auseinandersetzungen werden konnte, weil es im Kleid des Natürlichen und Vernünftigen auftrat, wird nun befragbar. Die Begriffe provozieren also die Frage danach, weshalb die gesellschaftlichen Verhältnisse so eingerichtet sind, wie sie es sind. Diese erscheinen nun – der Aura einer vernünftigen Ordnung beraubt – als kontingente Arrangements, mithin als gestalt- und veränderbar. Aus diesem Grund wirken die sozialwissenschaftlichen Begriffe selbst emanzipatorisch. Sie können als ein Gegengift zu jenem Fatalismus gelten, der in sozialen Milieus relativ weit verbreitet ist, die über keine nennenswerte gesellschaftliche Gestaltungskraft verfügen.[5]

Dieser Perspektivenwechsel, den Habermas als »Kippeffekt« bezeichnet, ist in seinen Folgen kaum zu überschätzen.

Er besitzt deshalb eine beträchtliche Sprengkraft, weil er maßgeblich dazu beiträgt, dass jene, die sich in der Vergangenheit meist nur als *Objekte* des gesellschaftlichen Wandelns erlebt haben, sich nun als dessen *Subjekte* zu begreifen beginnen. Der neue »Typus von Wissen« (Habermas) löst sie aus dem Bann des Bestehenden und setzt sie dazu frei, sich – gemeinsam mit anderen – für eine vernünftige Neuorganisation der gesellschaftlichen Verhältnisse einzusetzen. Möglich wird dies, weil den Betroffenen das Wissen nicht äußerlich bleibt. Es ist geeignet, das »Selbstverständnis von Gruppen und Individuen« auf nachhaltige Weise zu verändern.[6] Diese neue Form des Wissens versetzt die Betroffenen mithin in die Lage, nicht nur die eigenen Benachteiligungen und Ausgrenzungen zu erkennen, sondern sich auch mit anderen zusammenzuschließen und die Missstände zu problematisieren.

Am Beispiel der »Sozialisation« erläutert Habermas die Brisanz solcher Begriffe. Dieser sozialwissenschaftliche Terminus, der in den USA popularisiert wurde, illustriert den »Kippeffekt« auf anschauliche Weise. Begreift man etwa Kindheit und Adoleszenz nicht länger als primär biologisch definierte Lebensalter, sondern als Effekt von Sozialisationsprozessen, weitet sich nicht nur der Blick.

In der Folge verändert das fragliche Phänomen selbst seine Gestalt. Werden Prozesse der Reifung ins Zentrum gerückt, stellen sich die Möglichkeiten der Einflussnahme als äußerst begrenzt dar. Das Aufwachsen erscheint dann als eine Lebensphase, die sich nach einem Drehbuch entfaltet, das von der Biologie geschrieben wird.[7] Auch wenn die Erziehungsberechtigten ihren Einfluss geltend zu machen versuchen, sind ihnen doch weitgehend die Hände gebunden. Diese Perspektive ändert sich, sobald mit dem Einfluss von Sozialisationsprozessen gerechnet wird: Der Blick wird auf ein Kräftefeld individueller wie kollektiver Akteure gelenkt, innerhalb dessen Kinder und Jugendliche aufwachsen. »In dieser Perspektive erscheinen plötzlich«, so Habermas, »Einrichtungen wie Familie, Schule, Betrieb, Funkanstalten als Agenturen, über welche die Gesellschaft die Motive und Fähigkeiten ihrer Mitglieder formt.«[8] Das Aufwachsen gilt dann nicht länger als ein natürliches Geschehen, das allenfalls begleitet werden kann; es wird stattdessen als eine Lebensphase erkennbar, bei der mit gesellschaftlichen Prägekräften zu rechnen ist. Kindheit und Adoleszenz erscheinen nun als Knotenpunkte gesellschaftlicher Dominanzverhältnisse.

Durch den Rückgriff auf den Begriff der Sozialisation werden die Lebensalter entnaturalisiert und dekonstruiert.[9] Zugleich vermag es dieser theoretische Zugriff, die Frage nach typischen Formen der Begünstigung wie auch der Benachteiligung aufzuwerfen: In der Folge wird es möglich, die Logik des Einzelfalls, die weitgehend blind ist für Strukturzusammenhänge, hinter sich zu lassen. Und über geschlechtsspezifische oder klassenspezifische Formen der Sozialisation nachzudenken – sowie über Praktiken der Diskriminierung, die damit eng verknüpft sind. Anders formuliert: Der Begriff der Sozialisation legt es nahe, die Frage des Aufwachsens als ein Politikum zu betrachten, das über den Bereich der Kernfamilie hinausweist. Mit ihm lassen sich simplifizierende Problemfassungen zurückweisen. Statt also noch länger die Naturalisierung sozialer Beziehungen zu betreiben, geraten durch den Begriff der Sozialisation Abhängigkeitsbeziehungen und Diskriminierungspraktiken in den Fokus.

Daran ist durchaus nicht jedem und jeder gelegen. Was Habermas – als Vertreter einer kritischen Gesellschaftstheorie – ausdrücklich begrüßt, wird von seinen Gegenspielern scharf kritisiert. Weil er den Status quo zu überwinden sucht, muss er an der Verbreitung von Begriffen interessiert sein, die die herrschende Ordnung als eine bloß kontingente erweisen. Habermas ist also an dem Nachweis gelegen, dass die sozialen Arrangements und symbolischen Ordnungen, welche die gesellschaftlichen Verhältnisse strukturieren, über keinerlei Rückhalt in den Dingen verfügen.[10] Und so gerät auch der Status quo für diejenigen, die sich mit dem sozialwissenschaftlichen Vokabular vertraut gemacht haben, auf veränderte Weise in den Blick: Er gilt ihnen nicht länger als verlässlicher Ausdruck einer Ordnung, die eine höhere Form der Vernunft für sich in Anspruch nehmen kann, sondern lediglich als Anzeige der aktuellen Kräfteverhältnisse. Indem er illustriert, welche gesellschaftlichen Gruppen hegemoniale Positionen innehaben, geraten gesellschaftliche Antagonismen in den Blick, die nie vollständig überwunden, sondern nur verdrängt worden waren.

Verschiebung der Kräfteverhältnisse

Hält man sich nun vor Augen, was in den 1960er und 1970er Jahren in Bewegung gerät, welche Wirkungen Begriffe wie »Emanzipation« und »Sozialisation« besitzen, wird ersichtlich, weshalb dies von den Vertretern eines konservativen Weltbildes als Bedrohung wahrgenommen werden muss. Wenn Traditionen entwertet werden und überlieferten Ordnungen ihre Legitimität abgesprochen wird, wenn sich soziale Gruppen, denen in öffentlichen Debatten bislang kaum einmal Gehör geschenkt wurde, nun dazu ermächtigt sehen, ihre Stimme zu erheben und ihre Anliegen zu artikulieren, dann hat – so ihre berechtigte Sorge – nichts mehr dauerhaft Bestand. Alles kann nun befragt, alles kann zum Gegenstand der Kritik gemacht werden. Überlieferte Vorrechte können auf den Prüfstand gestellt werden, die Spielregeln öffentlicher Debatten genauso wie auch jene Agenturen, welche die Zuteilung sozialer Chancen vornehmen.

Ein Beispiel. Werden sozialisationstheoretische Konzepte auch in der Schulforschung aufgenommen, kippt sofort die Beweispflicht: Dass Kinder aus der Arbeiterklasse ungleich seltener das Gymnasium besuchen und sich im Anschluss für ein Studium entscheiden, wird dann genauso erklärungsbedürftig wie die Tatsache, dass hochqualifizierte Frauen in Ökonomie, Politik und Wissenschaft sehr viel seltener Führungspositionen bekleiden. Rückten Erklärungsversuche lange Zeit die Individuen in das Zentrum und machte diese für ihr Scheitern (mit-)verantwortlich, geraten nun sehr viel stärker Organisationen und Institutionen in den Blick. Sie sehen sich mit dem Verdacht der strukturellen Diskriminierung konfrontiert.[11] Robert Spaemann besaß ein feines Gespür für die drohende Verschiebung der Kräfteverhältnisse. Er wusste, was auf dem Spiel steht, sobald sich das Vokabular verändert: »Hinter dem Streit um Worte steckt ein Streit um Sachen. Andererseits gibt es die menschlichen Sachen nicht ohne die Worte, in denen sie sich ausdrücken. Deshalb muß man den Streit um die Worte ernst nehmen.«[12]

Mitte der 1970er Jahre spitzt sich also der Streit um die Deutungshoheit zu. Jürgen Habermas weiß sehr gut, dass mit Begriffen Geländegewinne erzielt werden können. Er hat ein großes Interesse daran, solche Begriffe zirkulieren zu lassen, die den gesellschaftlichen Aufbruch orchestrieren. Mit ihrer Hilfe wird es nicht nur möglich, repressive Verhältnisse zum Gegenstand zu machen, sondern auch den Personenkreis, der sich an deren Problematisierung beteiligt, zu erweitern. Eben dies versuchen seine Gegenspieler zu verhindern. Während etwa Helmut Schelsky schon Ende der 1950er Jahre die zunehmende soziale Mobilität beklagte,[13] hatte Robert Spaemann eher den Kampf um Begriffe im Blick. Er suchte die herrschenden Verhältnisse – mit all ihren Ordnungen, Strukturen und Hierarchien – gegen die Kritik in Schutz zu nehmen.

Habermas hatte genau damit gerechnet. Ihm war bewusst, dass das neue Begriffsregister bei seinen politischen Gegnern heftige Reaktionen provozieren würde. Die »Erosion von Alltagsgewißheiten«[14] werde bei manchen Verunsicherungen auslösen, bei anderen Irritationen und Ressentiments. Dass er sich diesen gleichwohl mit erkennbarer Lust an der Auseinandersetzung entgegenstellt, mag auch damit zusammenhängen, dass ihm nicht entgangen war, dass die sozialwissenschaftlichen Begriffe bereits erste Wirkungen entfalteten. So registrierte der Vertreter der Frankfurter Schule eine »wachsende Kritikbereitschaft« in unterschiedlichsten Bereichen der Gesellschaft. Sie reiche, so seine Beobachtung, vom Bereich der Medizin über den des Rechts bis hin zum Bildungswesen: Patient:innen und Klient:innen wandten sich immer häufiger gegen Bevormundungen und Paternalismus. Und die Eltern von Schüler:innen standen ihnen in nichts nach: Auch sie kritisierten zunehmend autoritäre Verhältnisse.

Hegemoniale Kämpfe

Und nun kehren diese Auseinandersetzungen wieder. Gehen, so scheint es, in die nächste Runde. Erneut entzünden sich Konflikte an frisch importierten Begriffen, kommt es also zu dem, wofür der italienische Marxist Antonio Gramsci den Begriff »hegemoniale Kämpfe« geprägt hatte.[15] Obschon nun andere Vokabeln im Zentrum stehen und die Grenzen zwischen den Konfliktparteien etwas weniger leicht zu ziehen sind, erinnern die zeitgenössischen Debatten doch auf frappierende Weise an jene, die in den 1970er Jahren geführt wurden. Auch gegenwärtig kommt es zu beträchtlichen Verwerfungen innerhalb der Politik, der Kultur und der Wissenschaft, wird in den Kommentarspalten überregionaler Tageszeitungen wortreich beklagt, dass die neuen Vokabeln für ein wenig förderliches Reizklima und eine heillose Moralisierung verantwortlich seien.

Es würden freilich nicht allein neue wissenschaftliche Begriffe in die Alltagssprache übernommen, sondern auch längst etablierte Begriffe auf groteske Weise überdehnt. Sie büßten in der Folge ihre wertvolle Fähigkeit ein, Sachverhalte verlässlich zu identifizieren. Immer häufiger würden – so ist derzeit zu hören – kultivierte Auseinandersetzungen von einer Logik der Diffamierung und einer Rhetorik der Eskalation überlagert. Eine auf Ausgleich und Konfliktlösung zielende Verständigung werde immer schwieriger. Entsprechend besitze auch der öffentlich ausgetragene Dissens, der Habermas noch als ein Garant gesellschaftlichen Fortschritts galt[16], längst Seltenheitswert. Ungleich häufiger komme es zu Konflikten, die von Unversöhnlichkeit und Rechthaberei geprägt seien. Neu ist, dass sich diese Kritik nicht verlässlich politischen Lagern zuordnen lässt: Wurde die Überdehnung und Aufladung von Begriffen in den 1970er Jahren fast ausschließlich von Vertretern beklagt, die sich selbst zum konservativen Lager zählten, so wird dies nun auch von links-liberalen Intellektuellen, von feministischen Autor:innen und gesellschaftskritischen Sozialwissenschaftler:innen moniert.[17]

Wie lässt sich nun das Vokabular beschreiben, das die Gemüter so erhitzt? Welche Begriffe werden für die neuerlichen Polarisierungen verantwortlich gemacht? Welche gesellschaftlichen Gruppen treffen dabei aufeinander? Und welche Ziele verfolgen sie? Anders formuliert: Wie lassen sich die entscheidenden Konfliktlinien beschreiben?

Die Begriffe, die im Zentrum der Auseinandersetzung stehen, werden meist unter dem Label »Identitätspolitik« geführt. Viele Termini verweisen auf Debatten, die in den USA bereits seit einigen Jahrzehnten geführt werden und in den letzten Jahren deutlich an Vehemenz zugenommen haben. Hier wurde von Vertreter:innen der *humanities* und von Aktivist:innen die Kritik an den herrschenden Verhältnissen systematisch weiterentwickelt, begrifflich ausdifferenziert und zunehmend radikalisiert. Ohne dass es dabei stets zu einem Schulterschluss zwischen den Gruppen der Betroffenen gekommen wäre – die

Opfer von Rassismus, Sexismus und Klassismus, von Heteronormativität und Homosexuellenfeindlichkeit suchen häufig zunächst Rückhalt in ihren *Communities*, bevor sie sich um Bündnisfragen kümmern –, lässt sich doch behaupten, dass sie gemeinsam dazu beigetragen haben, sprachliche Mittel zu entwickeln, um die eigenen Erfahrungen der Ausgrenzung und Herabwürdigung, der Deklassierung und Diskriminierung artikulieren zu können. Sie alle verfolgen das Ziel, ihre Ohnmachtserfahrungen wie auch die eigene Sprachlosigkeit zu überwinden. Die Begriffe, die sie zu diesem Zweck prägen, tragen noch erkennbar die Spuren der Kämpfe, die sie dabei austrugen. Manche dieser Begriffe sind Neuprägungen. Andere Begriffe hingegen reichen weit zurück, haben neue Konturen erhalten und sind dadurch in das Zentrum der politischen Auseinandersetzungen gerückt. Genau dies trifft auf den Begriff des »Privilegs« zu, um den es auf den Seiten dieses Buches geht.

Zwei unterschiedliche Lesarten

Bevor ich mich auf den Begriff des Privilegs konzentriere und zu zeigen versuche, dass dieser der verfahrenen Debatte um emanzipatorische Identitätspolitik eine neue Wendung geben kann, will ich kurz den politischen Kontext und das semantische Umfeld ausloten, innerhalb dessen er derzeit ein Comeback erlebt.[18]

Lange galt der Begriff des Privilegs als etwas verstaubt, wirkte ein wenig aus der Zeit gefallen. Zwar war er seit den späten 1960er Jahren innerhalb der Bildungssoziologie *Terminus technicus*, wurde aber jenseits dieser Spezialdiskurse nur selten verwendet. Zeitdiagnosen kamen lange Zeit ohne ihn aus. Auch von »Klasse« sprach man hierzulande kaum noch. Beide Begriffe erinnerten an einen überkommenen politischen Jargon. Ungleich attraktiver waren soziologische Bestseller, welche die frohe Botschaft verkündeten, dass die Klassengesellschaft überwunden sei und der »Fahrstuhleffekt« (Ulrich Beck) für eine merkliche Angleichung der Lebensverhältnisse sorge. Mitte der 1980er Jahre in Umlauf gebracht, suggerierte diese populäre Metapher, dass alle sozialen Gruppen von der Modernisierung der gesellschaftlichen Verhältnisse profitieren würden. Es schien allenthalben nur noch Gewinner zu geben.[19]

Dieser kollektive Selbstbetrug ist nun an sein Ende gekommen. Es wird auch hierzulande wieder von sozialen Klassen gesprochen.[20] Und auch Ideologien der Ungleichheit rücken in den Fokus der Aufmerksamkeit: Rassismus und Antisemitismus, Antiziganismus und Muslimfeindlichkeit, Sexismus, Heteronormativität und Homosexuellenfeindlichkeit. Und von Privilegien wird gesprochen. Aber nun auf neue Weise.

Es wird derzeit deshalb so häufig von Privilegien gesprochen, weil sie es erlauben, zweierlei Missstände zu problematisieren. Zunächst lässt sich kaum übersehen, dass die verheißungsvolle Rede von sozialer Mobilität deutlich an Glanz eingebüßt hat. Eine Vielzahl empirischer Studien hat nachgewiesen, dass die soziale Herkunft von den Einrichtungen des Bildungswesens noch immer prämiert wird. Allen Denkschriften und Leitbildern zum Trotz müssen Schulen und Hochschulen auch in den Ländern des Globalen Nordens als wichtige Relaisstationen zeitgenössischer Machtverhältnisse gelten.[21] Die vermeintlich alten Fragen nach der Produktion und Reproduktion sozialer Ungleichheit haben sich eben nicht erledigt. Sie stellen sich sogar mit neuer Dringlichkeit. Daher wird derzeit erneut über strukturelle Diskriminierung diskutiert, und es steigt die Nachfrage nach Theoriemodellen, welche die Verfestigung sozialer Ungleichheit zu erklären erlauben. Privilegien werden in diesem Zusammenhang primär klassentheoretisch gefasst.

Diese anspruchsvolle Form der Theoriearbeit, die von Vertreter:innen der Bildungssoziologie und der Erziehungswissenschaft betrieben wird, trifft nun auf Stimmen, die darauf hinweisen, dass sich zeitgenössische Verteilungskämpfe längst nicht mehr allein an der Ungleichverteilung *materieller Ressourcen* entzünden. Vertreter:innen emanzipatorischer Identitätspolitik sprechen sich ebenfalls für Gleichheit aus, treten allerdings dafür ein, diese nicht nur ökonomisch zu fassen, sondern auch die *symbolische Dimension* zu berücksichtigen – mithin die Pluralität von Lebensentwürfen, Geschlechtsidentitäten und Formen des Begehrens zu würdigen. Die Vertreter:innen emanzipatorischer Identitätspolitik nehmen daher andere Akzentuierungen vor und prägen mit Egalität, Diversität und Pluralität auch neue Leitbilder. Sie lenken somit das Augenmerk auf Repräsentation und Anerkennung auch solcher Lebensformen, die von der Mehrheitsgesellschaft abweichen. Für diese Kritik der »Dominanzkultur« (Rommelspacher) ist nun die Unterscheidung in privilegierte und weniger privilegierte Lebensformen zentral.

Damit wird deutlich, was zur erstaunlichen Konjunktur der Rede von Privilegien beigetragen hat. Sie ist maßgeblich dem Umstand geschuldet, dass derzeit zwei Formen kritischer Theoriearbeit aufeinandertreffen – und *beide* dem Begriff des Privilegs einen besonderen Stellenwert beimessen. Beide Theorieprojekte sind zwingend auf ihn angewiesen. Wenn von Privilegien gesprochen wird, kann dies somit auf unterschiedliche Weise geschehen – im Kontext bildungssoziologischer Studien, welche etwa die Wege erforschen, auf denen es gesellschaftlichen Eliten gelingt, Bildungseinrichtungen zu instrumentalisieren.[22] Oder im Kontext einer Untersuchung, welche die Ignoranz jener gesellschaftlicher Gruppen erforscht, die weitgehend blind sind für solche Formen der Begünstigung, die sie allein deshalb genießen, weil sie zur Mehrheitsgesellschaft zählen.[23] Wird der Begriff des Privilegs im ersten Fall meist in einem Atemzug mit sozialer Klasse, Kapital und Habitus genannt, ist er im zweiten Fall den Begriffen *White Ignorance*, patriarchale Dividende und Verletzbarkeit benachbart.

Ungeklärt scheint indes, wie sich die beiden Zugänge zueinander verhalten. Knüpft die neue Lesart des Begriffs an die ältere an? Führt sie das Projekt weiter, das in den 1960er und 1970er Jahren entwickelt wurde und gesellschaftliche Auseinandersetzungen munitionierte? Oder trägt die neue Fassung des Privilegs dazu bei, dass die ältere Variante ihre Konturen einbüßt? Tritt also just in dem Moment, in dem Aktivist:innen sozialer Bewegungen für die Anerkennung von Lebensentwürfen streiten, die nicht der gesellschaftlichen Norm entsprechen, die Kritik an der Klassengesellschaft in den Hintergrund?[24]

Mit anderen Worten: Muss das Plädoyer für den Abbau von Privilegien und die Umverteilung von Ressourcen von nicht eben wenigen aus der Gruppe derer, die in dieser Hinsicht als privilegiert gelten müssen, zwingend damit pariert werden, dass sie die eigenen Befindlichkeiten in den Vordergrund rücken? Begünstigt also ausgerechnet die Kritik an »Mehrheitsgesellschaft« und »Dominanzkultur« den Rückzug ins Private, indem sie dazu einlädt, den persönlichen Verstrickungen in Macht- und Ungleichheitsverhältnisse nachzugehen? Schärfer formuliert: Ebnet die neue Variante der Privilegienkritik einer Kultur der Achtsamkeit den Weg, die für Gerechtigkeitsfragen nur noch wenig empfänglich scheint? Ist dies tatsächlich den aktuellen identitätspolitischen Debatten geschuldet, die dem Begriff des Privilegs eine neue Aufmerksamkeit verschafft haben? Oder handelt es sich dabei um ein veritables Missverständnis?

Diese Fragen will ich in dem vorliegenden Buch diskutieren. Auslöser sind nicht allein die politischen Verwerfungen, die in den sozialen Bewegungen derzeit an Schärfe zunehmen, sondern auch Beobachtungen, die ich in der akademischen Lehre mache. Als Hochschullehrer, der an der Universität Tübingen Allgemeine Erziehungswissenschaft lehrt, registriere ich eine zunehmende Hemmung, sich in Seminarsitzungen auf angreifbare Weise zu äußern und zu positionieren. Dem Wissen um die eigene »privilegierte Stellung«, die sich etwa in der Immatrikulation an einer »Exzellenz«-Universität des Globalen Nordens dokumentiert, korrespondiert, so scheint es, ein Diskussionsstil, der von Achtsamkeit und Rücksichtnahme geprägt ist und die scharf geführte Auseinandersetzung scheut.

Wird ein Dissens in der Sache moralisch codiert, schwinden die Möglichkeiten der Verständigung. Die Debatte um den Begriff des Privilegs führt daher nicht nur mitten hinein in die Auseinandersetzungen um emanzipatorische Identitätspolitik und die Leistungsfähigkeit des neuen Vokabulars, sondern auch um *Cancel Culture* oder die akademische Streitkultur, die derzeit manche gefährdet sehen.[25]

Zum Programm

Vor diesem Hintergrund verfolge ich mit meinem Buch zwei Ziele: Zum einen will ich einen Beitrag dazu leisten, jene Konflikte besser zu verstehen, die sich derzeit an den unterschiedlichen identitätspolitischen Konzepten entzünden. Diese lassen sich in ihrer Logik erhellen, wenn man die abenteuerliche Reise verfolgt, die der Begriff des Privilegs in den vergangenen Jahrzehnten zurückgelegt hat. Zum anderen will ich einen Vorschlag machen, wie sich manche der Konfliktlinien entschärfen, vielleicht sogar überwinden lassen. Wird Privileg als ein *relationaler Begriff* gefasst, eröffnet sich eine Möglichkeit, identitätspolitische Anliegen mit einer universalistischen Perspektive zu verknüpfen. Emanzipatorische Identitätspolitik würde somit als Verlängerung jener Kämpfe interpretiert, die 1968 ausgetragen wurden.[26] Der Abbau von Privilegien ginge dann nicht mit der Renaissance eines vormodernen Kulturbegriffs einher und käme ohne Tribalisierung aus; er würde schlicht im Sinne aller betrieben, die sich für eine egalitäre Gesellschaft einsetzen.

Diesen Gedankengang entwickle ich in vier Schritten. In Kapitel 2 rekonstruiere ich die unterschiedlichen Kontexte, denen der Begriff des Privilegs seine Konturen verdankt. Zu diesem Zweck mache ich mit einigen Befunden der Rechtsgeschichte bekannt und zeichne in Kapitel 3 nach, auf welche Weise er von Vertreter:innen der Bildungssoziologie aufgegriffen wurde. Kapitel 4 erläutert, wie es zur Ausweitung in der Rede von Privilegien kam und erklärt, weshalb wir unterschiedliche Formen der Privilegierung kennen. In Kapitel 5 wird die Frage aufgeworfen, wie sich auf diese Befunde reagieren lässt: Was tun mit Privilegien? Nachdem ich unterschiedliche Strategien vorstelle und diskutiere, entwickle ich einen eigenen Vorschlag, wie sich jene Frontstellungen überwinden lassen, die sich in der Folge identitätspolitischer Interventionen gebildet haben.

2 Wie kam das Privileg in die Welt?

Im Herbst 1995, zwanzig Jahre nachdem in München die konservative »Tendenzwende« ausgerufen worden war, lud das Frankfurter Max-Planck-Institut für europäische Rechtsgeschichte zu einer internationalen Konferenz ein.[1] Rechtsgelehrte aus sieben Ländern folgten seinerzeit der Einladung, einen juristischen Terminus zum Gegenstand zu machen, dessen Ruf nicht erst in der jüngsten Vergangenheit arg gelitten hat. Das Privileg, das im Zentrum der Konferenz stand, verdankt sein miserables Image dem Verdacht, dass es in eklatantem Widerspruch zu jenen Werten steht, die moderne Gesellschaften in normativer Hinsicht auszeichnen – etwa Gleichheit und Gerechtigkeit. Der juristische Terminus kann also nicht zu jener Klasse funkelnder Begriffe gezählt werden, mit denen sich solche Gesellschaften gerne schmücken, die sich als besonders fortschrittlich zu erkennen geben wollen.

Der Rechtshistoriker Heinz Mohnhaupt, Mitveranstalter der Konferenz »Das Privileg im internationalen Vergleich«, formulierte in seinem Eröffnungsvortrag diesen Sachverhalt knapp und präzise: »Die Bezeichnung eines Rechtsstatus als ›Privileg‹ trägt daher schon das Unwerturteil in sich.« Der Begriff sei längst »ideologisiert« und werde in öffentlichen Diskussionen allenfalls mit spitzen Fingern angefasst.[2] Auf breite Zustimmung könne nur derjenige hoffen, der sich den konsequenten Abbau von Privilegien zum Ziel setze – besser noch, deren vollständige Überwindung in Aussicht stelle. Dieser Befund gelte nicht nur für den deutschen Sprachraum. Auch im Französischen verfüge das Privileg über eine »mauvaise réputation«, also über einen denkbar schlechten Leumund. Und im Englischen sei es kaum besser: In Zeiten, die von egalitären Idealen geprägt würden, gelte »privilege« als »almost a dirty word«.[3]

Dass es sich dabei nicht nur um eine eigentümliche Wendung des Zeitgeists handelt, scheint unstrittig. Um es etwas pathetisch zu formulieren: Die Ablehnung von Privilegien zählt zur Staatsraison der jüngeren Bundesrepublik. So hatte bereits Mitte der 1960er Jahre der Staatsrechtler Herbert Krüger notiert, dass das Privileg sowohl »demokratie- wie staatsfeindlich« sei.[4] Und nur zehn Jahre darauf nahm sich das Bundesverfassungsgericht der Sache an, bekräftigte diese Einschätzung und hielt in einem Urteil vom 5. November 1975 fest: »Die Demokratie des Grundgesetzes ist eine grundsätzlich privilegienfeindliche Demokratie.«[5]

Selbst wenn man nun einräumt, dass juristische Aussagen eine performative Qualität besitzen – sie haben soziale Folgen, können also das ins Leben rufen, wovon sie handeln –,[6] wäre es gleichwohl fatal, aus der Ablehnung von Privilegien, die allenthalben formuliert wird, auf deren tatsächliches Verschwinden zu schließen. Es spricht vieles dafür, dass das Gegenteil der Fall ist: Die Tatsache, dass immer wieder aufs Neue die Abscheu über ein Rechtsinstitut formuliert wird, dessen Anfänge bis in das Mittelalter zurückreichen, sollte stutzig machen. Und zum genauen Lesen provozieren: Wenn das höchste Gericht in Karlsruhe festhält, dass die Bundesrepublik zu jenen Demokratien gezählt werden muss, die Privilegien prinzipiell feindlich gegenüberstehen, bedeutet dies eben nicht, dass sie damit schon der Vergangenheit angehören, sondern dass mit deren fortdauernder Existenz zu rechnen ist. Sie müssen als Relikte einer vormodernen Gesellschaftsordnung gelten, die zwar wortreich verurteilt werden, die sich aber mit bemerkenswerter Hartnäckigkeit am Leben halten. Privilegien, dieser Verdacht drängt sich auf, widersprechen zwar dem Selbstverständnis moderner Staaten, prägen diese aber noch immer.[7] Sie werden damit zum Lackmustest. Und sie werfen einen langen Schatten auf jene Staaten, die in ihrer Selbstbeschreibung Gleichheit und Gerechtigkeit, sozialer Mobilität und dem Kampf gegen Diskriminierung prominente Plätze einräumen. Privilegien rühren daher auf empfindliche Weise an das Selbstverständnis solcher Gesellschaften, die sich selbst als meritokratisch beschreiben. Sie werfen die Frage auf, ob das Versprechen eingelöst wird, dass bei der Vergabe herausgehobener Positionen allein die individuell zurechenbare, objektivierbare Leistung zählt. Merkmale wie Geschlecht, Ethnizität, soziale Herkunft oder sexuelle Orientierung sollen – so die Geschäftsgrundlage moderner Gesellschaften – beim Wettstreit um begehrte Stellen, Ämter und Funktionen nicht länger berücksichtigt werden. Sie gelten als überholt und irrelevant.[8]

Probleme der Begriffsbestimmung

Wenn wir heute den Begriff des Privilegs im Munde führen, um Sachverhalte zu bezeichnen, tun wir dies in Kontexten, die denkbar weit von jenen entfernt sind, denen er sein Auftauchen verdankt. Die zeitgenössischen Verwendungsweisen können präziser in den Blick genommen werden, wenn sie zu heuristischen Zwecken mit jenen kontrastiert werden, die für das Mittelalter und die frühe Neuzeit typisch waren. Erst dann lässt sich das erstaunliche Comeback eines Begriffs verstehen, der seine Konturen vormodernen Rechtsdiskursen verdankt.

Die Klage darüber, dass sich ein Begriff der präzisen Bestimmung entzieht, ist innerhalb der Wissenschaft nicht ungewöhnlich. Sie gehört zum wissenschaftlichen Alltag. Wenn etwa Vertreter:innen der Politikwissenschaft bedauern, dass der Begriff des Populismus noch nicht zu einem sauber definierten *Terminus technicus* ausgearbeitet wurde, ist das durchaus nachvollziehbar, kann aber zum Hintergrundrauschen fachwissenschaftlicher Diskurse gezählt werden.

Stellt man dies in Rechnung, fällt auf den Eröffnungsvortrag, den Mohnhaupt bei der erwähnten Konferenz hielt, ein anderes Licht. Der renommierte Rechtshistoriker stellte eingangs fest, »daß wir gar nicht genau wissen, was eigentlich ein Privileg – oder die Privilegien – waren und sind, was sie früher bedeuteten, auch in anderen Ländern an Recht repräsentierten oder gar heute noch meinen«.[9] Mohnhaupt, der zu diesem Zeitpunkt bereits zwanzig Jahre zu Privilegien geforscht und viel beachtete Publikationen vorgelegt hatte, nun einfach falsche Bescheidenheit zu unterstellen, würde der Sache nicht ganz gerecht. Das Rechtsinstitut Privileg ist tatsächlich außerordentlich schwer zu fassen und auf den Begriff zu bringen. Mohnhaupt ist dementsprechend auch nicht der erste Fachvertreter, der dies einräumt – und im nächsten Satz umso entschiedener dazu aufruft, die Anstrengungen zu intensivieren, diesen Begriff endlich präzise zu fassen.

Das Alte Reich

Um nun die besonderen Schwierigkeiten zu verstehen, das Privileg begrifflich zu bestimmen, bietet sich eine kleine Zeitreise an. Ich erinnere daher zunächst an jene Kräfte und Akteure, die das Alte Reich prägten – also jenen politischen Verbund, der im 13. Jahrhundert Kontur annahm und bis zum Jahr 1806 Bestand hatte, als ihn schließlich Kaiser Franz II., bedrängt von napoleonischen Gruppen, mit einem »Federstrich« auflöste.[10] Barbara Stollberg-Rilinger, der wir wichtige Studien zum späten Mittelalter und der frühen Neuzeit verdanken, hat das Alte Reich auf treffende Weise charakterisiert und es im Kontrast zur Vorstellung von moderner Staatlichkeit bestimmt:

> »Im Gegensatz zu modernen Verhältnissen war das politische System dieses Reiches noch untrennbar verflochten mit sozialen und religiösen Strukturen. Seine Verfassung war kein geschlossenes systematisches Ganzes, sondern ein kompliziertes Geflecht von Altem und Neuem, von symbolisch-rituellen Praktiken, formellen und informellen Spielregeln, fallweise ausgehandelten Übereinkünften, von einigen schriftlichen fixierten ›Grundgesetzen‹ (*leges fundamentales*) und vielen traditional legitimierten Gewohnheitsrechten, nicht zuletzt auch von vielfach unvereinbaren, konkurrierenden Rechtsansprüchen. Zu jeder Regel gab es zahllose Ausnahmen, jede abstrakte Definition muss immer zugleich vielfältig eingeschränkt werden.«

Und sie schließt ihren knappen Steckbrief mit einer Ergänzung, welche die Komplexität noch weiter steigert: »Die

Ordnung des Reiches war nicht für alle Beteiligten die gleiche, sondern sie stellte sich aus verschiedenen Perspektiven ganz verschieden dar.«[11]

Diese Überlagerung unterschiedlicher Ordnungen, die sich bisweilen ergänzten, häufiger jedoch einander widersprachen oder miteinander konkurrierten, ist nicht nur für uns moderne Leser:innen verwirrend; sie verunsicherte auch jene, die von ihnen betroffen waren. Und dies gleich aus mehreren Gründen: Weder ließen sich exakt definierte geographische Grenzen des Alten Reiches bestimmen, noch konnte eine allgemeingültige rechtliche Ordnung identifiziert werden, die geeignet war, dem politischen Verbund, der sich vom Westen Europas über die Ostsee und Mähren bis nach Österreich erstreckte, eine einheitliche Struktur zu verleihen. Das Heilige Römische Reich Deutscher Nation, wie es seit dem Spätmittelalter genannt wurde, besaß eine solche Struktur nicht. Es glich einem Hybrid, dessen schillernde Gestalt aus der Überlagerung symbolischer Ordnungen, kultureller Praktiken, asymmetrischer Sozialbeziehungen, ökonomischer Verflechtungen und politischer Interessen hervorging.[12]

Die Unübersichtlichkeit, die daraus für jene resultierte, die auf diesem Territorium lebten, wurde dadurch noch gesteigert, dass es eine Vielzahl machtvoller Akteure kannte, deren Beziehungen zueinander von wechselseitigen Abhängigkeiten geprägt waren. Obwohl die Ständegesellschaft klar gegliedert war und präzise markierte Statusdifferenzen kannte – an der Spitze des Reiches stand der vom Papst eingesetzte Kaiser, gefolgt von Kurfürsten, Fürsten, Grafen, Prälaten, Rittern und Vertretern der Städte –, ließen sich daraus keine eindeutigen Abhängigkeiten ableiten. Weil zwischen »Kaiser, Kurfürsten und Fürsten« nur ein »relativ geringes Machtgefälle« bestand[13], waren diese auf den Ausgleich von Interessen angewiesen – und darauf, Entscheidungen, wenn möglich, im Modus des Konsenses zu treffen. Entscheidungen wurden daher kaum einmal exekutiert, sondern eher mit Blick auf die Anliegen und Interessen der beteiligten Akteure getroffen und immer wieder neu zum Gegenstand komplizierter Aushandlungsprozesse.

Das Ergebnis dieser sich überlagernden Einflusssphären war ein Rechtspluralismus, den der italienische Historiker Paolo Grossi sehr anschaulich schildert. In einer Studie zur Europäischen Rechtsgeschichte führt er aus:

> »Schauen wir uns doch nur eine beliebige große Stadt des 13. Jahrhunderts an: Hier galt nicht nur das kommunale ›Gesetz‹, d. h. das Statut, sondern auch das von der Kirche verfasste kanonische Recht, das von den Kaufleuten geschaffene Marktrecht, das Feudalrecht der Feudalherren, und ein jedes folgte spezifischen Regeln, bezog sich auf spezifische Sachverhalte für spezifische Adressaten und verfügte über spezifische Gerichte. Und schließlich gab es das gemeine Recht, das der universale Juristenstand aus universalen (den römischen und kanonischen) ›Gesetzen‹ ableitete. Innerhalb ein und derselben politischen Stadtverfassung koexistierten also zahlreiche Rechtsordnungen, die gleiche Geltungskraft besaßen.«[14]

Damit wird nun nachvollziehbar, weshalb es so schwierig ist, das Privileg in Form einer knappen Definition zu fassen. Es war im Alten Reich deshalb ein weit verbreitetes Rechtsmittel, weil es sich als hochflexibel erwies und zugleich als überaus funktional. Mit seiner Hilfe konnte eine institutionelle Ordnung abgesichert werden, die kaum allgemeine Gesetze kannte, noch staatliche Organe, die überdies keine einheitliche Struktur besaß – aber gleichwohl zwingend darauf angewiesen war, das Handeln derer zu regulieren, die zu ihrem Einflussbereich zählten.

Privilegien reagierten daher auf ein Vakuum: Sie übernahmen in einer vormodernen Gesellschaft wichtige Steuerungsfunktionen, die später dem Rechtssystem überantwortet wurden. Privilegien koordinierten die Handlungen der Individuen; sie definierten Handlungsspielräume, legten fest, was erlaubt, geboten und was verboten war. Dies taten sie stets fallweise, regelten also je individuell das Spannungsverhältnis zwischen »dem Besonderen und Allgemeinen«.[15]

Privilegien wurden also höchst erfolgreich eingesetzt, um Komplexität zu reduzieren. Mit ihrer Hilfe wurden sozialen Gruppen oder Einzelpersonen bestimmte Vorrechte eingeräumt – und andere dazu verpflichtet, sie bei deren Wahrnehmung nicht zu behindern. Das Aufkommen von Privilegien lässt sich somit als Reaktion auf das interpretieren, was Jürgen Habermas mit Blick auf die Feudalgesellschaft »wachsenden Organisationsbedarf« genannt hat.[16] Die rechtliche Struktur des Alten Reiches verdankt sich denn auch nicht einem System abstrakter Normen, das von gelehrten Juristen begründet wurde; sie geht aus der Verkettung zahlloser Privilegien hervor.[17]

Berücksichtigt man nun den gesamten Bereich, in dem es gilt, menschliche Handlungen miteinander zu koordinieren – in dem also Auseinandersetzungen moderiert, Konflikte entschärft und Gewalthandlungen eingehegt werden müssen –, wird deutlich, wie breit das Spektrum des gesellschaftlichen Lebens ist, das über Privilegien reguliert wird. Es gibt kaum eine Sphäre des Sozialen, die hier nicht in Frage kommt. Die Bandbreite reichte von dem Vorrecht, den König zu krönen, das der Stadt Aachen eingeräumt wurde, oder die Reichskrone zu beherbergen, womit Nürnberg betraut war,[18] über die Berechtigung, Münzen zu prägen oder eine Druckerei zu betreiben. Überdies gab es das Privileg, von Steuern und Dienstleistungen befreit zu werden. Mit einem Wort des Staatsrechtlers Johann Jacob Moser aus dem Jahr 1773: »Derer Sachen, worüber Privilegien ertheilet werden können, seynd unzählige«.[19]

Eine praktische Allzweckwaffe

So reizvoll es ist, sich in die Besonderheiten der unterschiedlichen Privilegien zu vertiefen, ein systematischer Zugriff gelingt nur, wenn man einen Schritt zurücktritt und deren logische Struktur herausarbeitet. Genau dies hatte Heinz Mohnhaupt schon früh unternommen. Anfang der 1970er Jahre grenzte er in einem erhellenden Artikel das Privileg von der Kodifikation ab und legte dessen Grundstruktur frei. Zunächst hielt er fest, dass nur ein kleiner Personenkreis überhaupt dazu autorisiert war, Privilegien zu erteilen: Dies galt für den Kaiser, den Papst wie auch die Landesherren, aber sehr wohl auch für Bischöfe oder Äbte und Äbtissinnen.[20] Übertrug nun ein Privilegiengeber einem Privilegiennehmer ein besonderes Recht, konnten zwei Dimensionen unterschieden werden, um diese Sozialbeziehung in ihrer Logik zu erschließen.

Wichtig ist: Es gab keinen Anspruch auf den Erhalt eines Privilegs. Dieses wurde nur gewährt und aus freien Stücken erteilt. Die Verleihung war daher ein Gnadenakt. Sie konnte jederzeit rückgängig gemacht werden. Der Privilegiennehmer besaß mithin keinerlei Rechtsanspruch. Aus diesem Grund mussten Privilegien immer wieder erneuert und beglaubigt werden. In dem »persönliche[n] Band und Rechtsverhältnis«[21] zwischen den beiden beteiligten Parteien kam daher eine machtförmige, asymmetrische Sozialbeziehung zum Ausdruck. Dies nenne ich die *vertikale* Dimension. Berücksichtigt man nun, dass an die Erteilung eines Privilegs stets eine Schutzgarantie geknüpft war, wird deutlich, dass damit immer auch Dritte adressiert wurden. Das Band, das Privilegiengeber und Privilegiennehmer miteinander verband, besaß daher auch eine *horizontale* Dimension. Es nahm andere in die Pflicht. Mit der Erteilung eines Privilegs wurde somit nicht nur einer Person oder einer sozialen Gruppe ein Vorrecht eingeräumt; es wurden auch jene, die nicht zu dieser exklusiven Gruppe zählten, darauf verpflichtet, dessen Ausübung nicht zu gefährden. Die Autorität, die ein Privileg erteilte, sicherte daher dem Begünstigten den Schutz zu, die gewährte Bevorrechtigung auch tatsächlich ausüben zu können. »Das Privileg«, so Mohnhaupt, »hat somit einen Doppelcharakter, nämlich einmal als objektives Sonderrecht und zum anderen als subjektive Sonderberechtigung.«[22]

Damit wird nicht allein deutlich, dass über die Erteilung von Privilegien Handlungen auf effiziente Weise koordiniert und gelenkt werden konnten; es wird auch verständlich, weshalb diese Form der Übertragung von Rechten, die innerhalb Europas schon im Mittelalter gängig war, über Jahrhunderte hinweg weit verbreitet war. Dieses Rechtsmittel erwies sich – etwas salopp formuliert – als Allzweckwaffe in einer Zeit, in der die Verrechtlichung des Sozialen noch in ihren Anfängen steckte: »Somit blieb überall dort, wo schutzwürdige Interessen bestanden, die allgemeine Regelungsbedürftigkeit anerkannt war und ein gesetzesfreier Raum vorlag – das Gesetz also noch nicht gesprochen hatte –, das breitgefächerte Wirkungsfeld des Privilegs bis tief in das 19. Jahrhundert hin bestehen.«[23]

Berücksichtigt man, dass das Privileg über einen langen Zeitraum hinweg sehr erfolgreich als »Schutzinstrument« eingesetzt wurde, um etwa die Rechte von Handlungstreibenden und Erfindern, aber auch von Autoren und Verlegern zu sichern, wird verständlich, weshalb es im Mittelalter und der frühen Neuzeit nicht so durchweg skeptisch betrachtet wurde, wie das für unsere Zeit typisch ist. Überdies gilt, dass es sich hierbei um kein Nullsummenspiel handelte: Wenn ein Fürst einem Drucker bestimmte Rechte übertrug, bedeutete dies nicht, dass er nun bei der Verleihung der Rechte zur Münzprägung knauserig sein musste. Er konnte das eine tun – und musste das andere nicht lassen.[24] In die Kritik geriet die Praxis der Privilegienerteilung dann auch zunächst weniger aus einer ungleichheits- oder gerechtigkeitstheoretischen Perspektive; ohnedies galt im

Mittelalter die gesellschaftliche Ordnung als ein von Gott gestifteter, geordneter Kosmos.[25]

Gesellschaftliche Ausdifferenzierung, steigende Komplexität

Die gesellschaftliche Komplexität nahm im 13. Jahrhundert sprunghaft zu. Das ließ nicht nur das Bedürfnis wachsen, eine Rechtsprechung zu etablieren, die sich nicht länger an Einzelfällen orientieren, sondern auch die Erteilung von Privilegien in ein neues Licht tauchen sollte. Als sich etwa die Beziehungen zwischen den Hansestädten intensivierten, der Handel deutlich zunahm und sich der Wirtschaftsraum immer weiter ausdehnte, stieß der Partikularismus bald an seine Grenzen. Das Gewohnheitsrecht – und mit ihm die Orientierung an lokalen Gegebenheiten und Traditionen – war mit seiner »fragmentierten Vielfalt« nicht mehr in der Lage, jene Dynamiken einzufangen, die sich im Bereich der Ökonomie und der Politik entfaltet hatten. »Die faktischen Gegebenheiten benötigten ein Gerüst«, so Paolo Grossi, »das sie nicht erstickte, sondern organisierte und ordnete, das die Vielfalt zur Einheit brachte, weil andernfalls ein unbeherrschbares Chaos gedroht hätte«.[26] Es wuchs somit der Bedarf an einer Form der Rechtsprechung, die vom Einzelfall zu abstrahieren erlaubte und Normen etablierte, die auch in räumlich weit entfernten Bereichen des Alten Reiches galten.

Zum Auslöser dessen, was der Soziologe Niklas Luhmann »funktionale Differenzierung« genannt hat – also die Herausbildung eigenlogisch organisierter Gesellschaftsbereiche –,[27] zählte freilich nicht allein der zunehmende, räumlich weit ausgreifende Handel. Die Etablierung einer eigenen Rechtskultur wurde auch vom Buchdruck befördert. Die Beratungen bei den Reichstagen, die seit der Zusammenkunft 1495 in Worms jährlich abgehalten wurden, wurden nun zuverlässig protokolliert und in Sammlungen archiviert. Schon bald wuchs das Schrifttum an und lieferte den Rechtsgelehrten, die an Universitäten ausgebildet wurden, das Material, das es ihnen ermöglichte, eine eigene Reflexionskultur zu entwickeln.[28] Die Juristen sichteten das Material, werteten die Sammlungen aus, diskutierten strittige Fälle – und erzeugten auf diese Weise jene neue rechtliche Ordnung, die der alten in vielerlei Hinsicht überlegen war. Indem man die dokumentierten Rechtsansprüche »sammelte und aufzeichnete, brachte man sie in eine systematische, abstrakte Ordnung und verlieh dem Ganzen eine Kohärenz, die es sonst nicht besaß«.[29]

Diese Ausbildung einer eigenständigen, juristischen Rationalität hatte freilich nicht allein im städtischen Bürgertum viele Fürsprecher, auch die Mehrzahl der Fürsten begrüßte diese Entwicklung. Den Fürsten, die zu den wichtigsten Privilegiengebern zählten, war es ebenfalls ein Anliegen, die verwirrende Praxis zu systematisieren. Max Weber hat deren Motive in den rechtssoziologischen Paragrafen von »Wirtschaft und Gesellschaft« anschaulich geschildert:

> »Der Fürst will ›Ordnung‹. Und er will ›Einheit‹ und Geschlossenheit seines Reichs. Und zwar auch aus einem Grunde, der sowohl technischen Bedürfnissen der Verwaltung wie auch persönlichen Interessen seiner Beamten entspringt: die unterschiedslose Verwertbarkeit seiner Beamten im ganzen Gebiet seiner Herrschaft wird durch Rechtseinheit ermöglicht und ergibt weitere Karrierechancen für die Beamten, die nun nicht mehr an den Bezirk ihrer Herkunft dadurch gebunden sind, dass sie dessen Recht allein kennen. Und allgemein streben die Beamten nach ›Übersichtlichkeit‹ des Rechts, die bürgerlichen Schichten nach ›Sicherheit‹ der Rechtsfindung.«[30]

Es ist dieser Prozess einer fortschreitenden Ausdifferenzierung, in dem sich Politik und Ökonomie, Wissenschaft und eben auch das Recht als eigenständige Sphären zu etablieren beginnen, der Habermas als Startpunkt der Moderne gilt. In der frühen Neuzeit erfasste der Prozess einer zunehmenden Rationalisierung nicht nur den Handel, das Streben nach Erkenntnis oder das politische Leben, auch die Erörterung rechtlicher Fragen wurde immer anspruchsvoller – und nahm schließlich die Gestalt eines eigenen Funktionssystems an, das exakt definierte Rollen, eine spezifische Semantik und besondere Formen der Argumentation kennt. Das Recht entfaltete, so Habermas, einen »systemischen Eigensinn« und löste sich am Übergang von spätem Mittelalter zu früher Neuzeit »aus der Umklammerung religiöser Weltbilder, in die ja Recht und Moral zunächst eingebettet waren«.[31] Es folgte fortan einer eigenen Logik und konnte sich die Autorität nicht länger im Bereich des Sakralen borgen. Fortan musste es die Verbindlichkeiten, auf die es angewiesen blieb, selbst erzeugen.

Will man sich nun an einem Beispiel vor Augen führen, wie sehr sich das moderne Recht von dessen vormoderner Form unterscheidet, ist es hilfreich, kurz an die bereits erwähnte Reichsversammlung in Worms zu erinnern, zu der König Maximilian I. im Jahr 1495 eingeladen hatte. Die Kalamitäten, in die hier jene gerieten, die Konflikte zu schlichten unternahmen, wirken für moderne Leser:innen nicht nur bizarr; sie verschaffen auch Einblicke in eine Gesellschaft, die noch von einer »Logik der Präsenzkultur« geprägt war.[32] Stollberg-Rilinger erläutert dies in einem Kapitel ihrer Verfassungsgeschichte des Alten Reiches, das sie der Zusammenkunft in Worms widmet. Die Schwierigkeiten begannen schon damit, dass die Frage der Zugehörigkeit nicht zweifelsfrei geklärt werden konnte. Auf die Frage, wer zum Alten Reich gezählt werden musste, gab es keine Antwort, die mit ungeteilter Zustimmung hätte rechnen können. Unterschiedliche, einander widersprechende Listen kursierten. Weder die Gruppe der Eingeladenen noch jene der Anwesenden konnten über ein verbindliches, zustimmungsfähiges Schema erfasst werden.

Kaum weniger kompliziert gestaltete sich die Platzierung der Teilnehmer: Weil die Position, die sie in einem Versammlungsraum einnahmen, ihrem gesellschaftlichen Status entsprechen musste, entzündeten sich daran wiederholt Streitigkeiten. Diese ließen sich auch deshalb kaum einmal befriedigend klären, weil es keine einheitlichen, von allen Betroffenen geteilten Kriterien gab, die dabei zu berücksichtigen waren. Nüchtern hält Stollberg-Rilinger fest: »Jeder konnte andere Argumente für sich geltend machen, wenn er darauf beharrte, lediglich in aller Demut den ihm billig zustehenden Platz einnehmen zu wollen.« Ebendies ist das »Dilemma vormoderner Normgeltung«[33]: Weil nur wenige schriftlich fixierte Vereinbarungen existierten und kein allgemein gültiges, weithin akzeptiertes Regelwerk etabliert war, mussten viele Angelegenheiten mündlich verhandelt werden. Im persönlichen Kontakt galt es immer wieder aufs Neue Kompromisse zu suchen. Das war nicht nur sehr aufwendig, sondern vielfach auch nur von geringer Dauer, weil die mühsam getroffenen Vereinbarungen bei nächster Gelegenheit wieder aufgekündigt werden konnten.

Der Charme der Geometrie

Die Herausbildung einer neuen Rechtskultur, die sich am Übergang zur frühen Neuzeit beobachten lässt, verdankte sich unterschiedlichen Entwicklungen, die sich bisweilen auch überlagerten und wechselseitig verstärkten. Es überrascht nun nicht, dass in diesem »Klima der Rationalisierung und Normierung«[34] auch die etablierte Praxis der Privilegienerteilung kritisch geprüft wurde. In einer sich etablierenden Rechtswissenschaft, die auf Schriftlichkeit und Verallgemeinerungsfähigkeit setzte, die Widerspruchsfreiheit und argumentative Kohärenz anstrebte, musste es auf zunehmende Missbilligung stoßen, wenn hier die Ausnahme zur Regel zu werden drohte, wenn – so Ulrich Stutz – »der ganze Rechtshimmel voller Privilegien hing«.[35] Es ist vor diesem Hintergrund verständlich, dass manchen Gelehrten des 16. Jahrhunderts die Mathematik als Leitbild einer künftigen Rechtswissenschaft galt. Die argumentative Strenge, mit der hier Beweise geführt, die Klarheit, mit der strittige Fragen entschieden wurden, sollte künftig auch juristische Verfahren kennzeichnen: »[B]ald schon sprach man von einem *mos geometricus*, von einem Recht, welches sich als das genaue Gegenteil der mittelalterlichen Rechtsordnung mit ihrem ganzen Chaos und angeschwemmten Geröll erwies«.[36]

Privilegien gerieten daher in der Neuzeit immer häufiger in die Kritik. Aber zunächst weniger aus grundsätzlichen Erwägungen. Die Tatsache, dass sie überhaupt erteilt wurden, erregte kein Missfallen. Als problematisch galten vielmehr die Art und Weise, wie dies geschah, und die Folgen, die das zeitigte. Zunächst ist leicht ersichtlich, dass die Erteilung von Privilegien dem Bedürfnis nach einer Systematisierung des Rechts prinzipiell zuwiderlief. Sobald Ausnahmen überhandnahmen, wurden die Bemühungen um einheitliche Formen der Rechtsprechung konterkariert. Nicht weniger begründet war die Sorge, dass der freie Handel, der deutlich zugenommen hatte und auf verlässliche, reichsweite Absprachen angewiesen war, von der etablierten Praxis der Privilegienerteilung beeinträchtigt werden könnte. Damit stand nun auch der Verdacht im Raum, dass hier noch immer Willkür regiere, dass Einzelpersonen oder soziale Gruppen zum Nachteil der Gesellschaft begünstigt würden.

Und genau dies war ein Novum: Die Erteilung von Privilegien musste nun legitimiert werden. Weltliche oder geistige Autoritäten sahen sich zunehmend dazu genötigt, die Verleihung von Sonderrechten zu rechtfertigen. Insbesondere das städtische Bürgertum, das mehr und mehr an Selbstbewusstsein gewann, beobachtete die weltlichen und geistigen Autoritäten nun darauf hin, ob sie Entscheidungen trafen, welche die Herausbildung von Monopolen begünstigten und folglich das Streben nach Eigentum behinderten.[37]

Diese Vorbehalte wurden noch weiter verstärkt von einer Entwicklung innerhalb der Philosophie, die sich für das Rechtsmittel des Privilegs als überaus folgenreich erweisen sollte. Im 17. Jahrhundert führte die Naturrechtslehre dazu, dass Freiheit und Gleichheit die politischen Debatten mehr und mehr zu dominieren begannen und schließlich zu gesellschaftlichen Leitbildern wurden. Die beiden englischen Philosophen Thomas Hobbes und John Locke hatten, bei allen Differenzen im Detail, für die Überzeugung geworben, dass die Menschen in ihrem ursprünglichen Naturzustand nicht nur frei seien, sondern auch einander gleich – und folglich die gleichen »Rechte auf Freiheit und Eigentum« besäßen.[38] Auch das Bedürfnis nach einem schützenden Rechtsverband sei dieser Einsicht geschuldet: Aus dem Wissen um die potentielle Bedrohlichkeit des Gegenübers wie auch um die Verletzbarkeit der eigenen Person gehe das Streben nach einer gesellschaftlichen Ordnung hervor, die Sicherheit und Wohlergehen ihrer Mitglieder garantiert.[39]

Es ist dieser Zusammenhang von individuellem Streben, wechselseitiger Bedrohung und grundsätzlicher Gleichheit vor dem Gesetz, den der italienische Humanist Aeneas Silvius Piccolomini in eine fabelartige Erzählung kleidete, um ihn Kaiser Friedrich III. zu erläutern. Darin heißt es:

> »Wie nun aber der Mensch vom Menschen viele Vorteile hat, so gibt es doch auch kein Übel, das dem Menschen nicht vom Menschen widerfährt. So fingen die Menschen an, wider die Gesellschaft zu handeln. […] Als folglich die Stärkeren anfingen, die Menge zu unterdrücken, beschloß man, zu einem einzelnen von hervorragender Tugend Zuflucht zu nehmen, der verhindern sollte, daß den Schwä-

cheren Unrecht geschähe, der Rechtsgleichheit herstellen und die Höchsten mit den Niedrigsten gleichberechtigt halten sollte.«[40]

Damit betraut wurde nun niemand anderes als der König. Dieser sah sich fortan mit der Herausforderung konfrontiert, die Interessen *aller* im Blick zu behalten – und dafür Sorge zu tragen, dass vor dem Gesetz Gleichheit herrschte, dass also in strenger Absehung von der Herkunft und der Zugehörigkeit zu einem Stand geurteilt wurde.

Die Naturrechtslehre besaß somit für die überlieferte Praxis der Erteilung von Privilegien eine kaum zu überschätzende Sprengkraft. Hatten die geistigen und weltlichen Würdenträger im Mittelalter und der frühen Neuzeit Rechte übertragen, ohne sich dafür erklären zu müssen, sahen sie sich nun dazu genötigt, überindividuelle Interessen zu bemühen – nämlich jene der Gesellschaft insgesamt. Immer häufiger wurde daher gegen Ende des 18. Jahrhunderts mit dem Gemeinwohl argumentiert. Der Privilegiengeber, so das Narrativ, das sich bald etablierte, verfolge weniger eigene Interessen, wenn er auf Privilegiennehmer Rechte übertrage, sondern handele stets mit Blick auf das große Ganze. Ein Fürst werde seiner besonderen moralischen Verantwortung mithin erst dann vollauf gerecht, wenn er seine persönlichen Interessen zurückstelle und stattdessen die »allgemeine Wohlfahrt«[41] befördere, wenn er mit dieser Maßgabe im Hinterkopf gezielt Privilegien verleihe und die dabei entstehenden Konflikte zwischen widerstreitenden Interessengruppen umsichtig moderiere.

Durch die Naturrechtslehre kam es somit zu einer folgenreichen Verschiebung, die sich in der Aufklärung noch weiter verstärkte und schließlich in der Französischen Revolution eine dramatische Zuspitzung erfuhr. Wurde im deutschsprachigen Raum mit dem Recht zunächst meist nur die »rechte Ordnung« bezeichnet, mithin eine objektive, wohlgeordnete Rechtsordnung, die von dem Individuum vorbehaltlos zu akzeptieren war, wurde nun eine zweite Bedeutung populär. Und trat aus dem Schatten der ersten. Mit dem Recht ließ sich eben auch eine Berechtigung bezeichnen; dem *objektiven* Recht korrespondierte somit das *subjektive* Recht. Hier wurde das Individuum, das frei geboren und als Gleiches zu behandeln war, nun konsequent als eigenständiges Rechtssubjekt gefasst, das Ansprüche geltend machen konnte. Diese Doppelbedeutung wird freilich weder im Deutschen *Recht* noch im Französischen *Droit* oder im Italienischen *Diritto* bzw. dem Spanischen *Derecho* abgebildet. Anders im Englischen: Hier wird bis heute mit der Unterscheidung von *Right* und *Law* operiert.[42]

In der Folge traten mehr und mehr Individuen aus den kollektiven Verbänden heraus und dem Staat selbstbewusst gegenüber: Bestärkt von den Ideen der Aufklärung, dem Naturrecht sowie neueren Vertragstheorien, forderten sie von den Autoritäten, endlich den Anspruch einzulösen, den sie mit der Orientierung an der allgemeinen Wohlfahrt und Glückseligkeit formuliert hatten.[43]

Die Französische Revolution und der Dritte Stand

Für die Debatte um Privilegien, die nicht allein in Frankreich deutlich an Intensität zunahm, bedeutete dies zweierlei: Zunächst drängten die Privilegiennehmer auf einen neuen Status: Waren sie vom Mittelalter bis weit in die Neuzeit von der Huld des Privilegiengebers abhängig gewesen, der seinen Gunsterweis jederzeit rückgängig machen konnte, suchten sie nun einen Rechtsanspruch auf ihre Privilegien zu etablieren und deren Vererbung sicherzustellen. Die derart Begünstigten unternahmen also den Versuch, sich aus ihrer subalternen Position zu lösen und den weltlichen sowie geistigen Würdenträgern auf Augenhöhe zu begegnen. Drucker und Verleger, Apotheker und Münzpräger versuchten die ihnen übertragenen Sonderrechte, die sie vor Konkurrenz und Wettbewerb schützten, auf Dauer zu stellen und argumentierten zu diesem Zweck mit der bewährten, über einen längeren Zeitraum hinweg kultivierten Praxis.[44]

Es mag kaum überraschen, dass jene, denen keinerlei Sonderrechte übertragen worden waren, die strikt entgegengesetzte Position vertraten: Die temporäre Verleihung von Privilegien zu verstetigen, hätte bedeutet, den Status quo, der von Ungleichheit und Disparitäten geprägt war, auf unbestimmte Zeit fortzuschreiben. Daher drängten sie darauf, diese endlich abzuschaffen. Insbesondere die Angehörigen des städtischen Bürgertums entwickelten nun eine grundlegende Kritik der Feudalgesellschaft, die sich Ende des 18. Jahrhunderts bekanntermaßen immer weitere radikalisierte.

Privilegien gerieten freilich nicht nur in Frankreich in die Kritik. Sie wurden auch in Deutschland und andernorts vielen zum verhassten Symbol einer Gesellschaftsordnung, die verkrustet war und sich gegen längst überfällige Neuerungen sperrte. Die Weigerung der Aristokratie, auf ihre Vorrechte zu verzichten, erregte hier wie dort den Zorn des städtischen Bürgertums, das auf eine Form der Gesetzgebung drängte, die der Willkür begegnete und die Erteilung von Sonderrechten beendete. Und obschon die kritischen Stimmen, die in Deutschland laut wurden, hinter jenen Frankreichs nicht immer zurückstanden – im *Leipziger Magazin* etwa bezeichnete ein anonymer Verfasser die Privilegien als ein »Gift, das den Staat schleichend verzehrt«[45] –, waren die Ergebnisse der Proteste doch kaum miteinander zu vergleichen. Während es in Frankreich im Zusammenhang mit der Erklärung der Menschenrechte im Jahr 1789 zur Abschaffung sämtlicher Privilegien kam, kannte das Allgemeine Preußische Landrecht, das 1794 verabschiedet wurde, sehr wohl noch Privilegien.[46]

Welche Kritik wurde im Rahmen der Französischen Revolution formuliert? Zunächst klammerte sich die Masse des französischen Adels, so der Historiker Albert Soboul, »engstirnig an ihre Privilegien«.[47] Die große Mehrzahl war zu keinerlei Konzessionen bereit, beharrte auf ihren Vorrechten. Und obwohl der Adel eine Vielzahl von Abstufungen, Rängen und Differenzierungen kannte und durchaus nicht immer mit einer Stimme sprach, reagierten dessen Angehörige auf die revolutionären Forderungen doch recht einmütig. Sie ließen kaum ein Entgegenkommen erkennen und beschieden die Forderungen nach einer rechtlichen Gleichstellung abschlägig; insbesondere widersetzten sie sich allen Versuchen, das Wahlrecht bei den Zusammenkünften der Generalstände zu reformieren.

Unter den Kritikern dieser Haltung, die von Arroganz und Ignoranz, von Starrsinn und Hartleibigkeit geprägt war, war der Theologe Emmanuel Sieyès der prominenteste und wichtigste. Als Generalvikar der Diözese Chartres selbst zu den Privilegierten zählend, war er gleichwohl der bedeutendste Theoretiker der Französischen Revolution. Unter den Tausenden von Flugschriften, die in jenen Jahren zirkulierten, wurden die beiden, die er um die Jahreswende 1789 vorlegte, besonders intensiv diskutiert. Zunächst erschien im November 1788 die anonyme Flugschrift »Abhandlungen über die Privilegien«. Kurz darauf, im Januar 1789, der Traktat »Was ist der dritte Stand?«.[48] In diesen beiden Streitschriften wurde die Kritik an der Aristokratie in scharfer Diktion und mit bestechender argumentativer Kohärenz vorgetragen. Im Zentrum beider Texte steht das Privileg.

Die privilegierten Gruppen – für Sieyès ein Synonym für den Klerus, der den 1. Stand bildete, und den Adel, der den 2. Stand stellte – gerieten freilich nicht allein deshalb in das Fadenkreuz seiner Kritik, weil sie den Staat mit ihren überzogenen finanziellen Forderungen an den Rand seiner Funktionsfähigkeit gebracht hatten; sie verweigerten sich darüber hinaus dringend notwendigen politischen Reformen und blockierten die ökonomische Entwicklung. Für den Generalvikar indes besaß der Status quo keinerlei Geltung. Als konsequenter »Verächter aller historisch-faktischen Zusammenhänge«[49] betrachtete er die Gesellschaft als ein Objekt, das es zunächst in seiner inneren Logik zu studieren galt, um in einem weiteren Schritt das Zusammenspiel seiner Elemente neu zu arrangieren und es schließlich auf ein höheres Niveau zu heben. Beflügelt von der Aufklärungsphilosophie und als intimer Kenner der philosophischen Debatten seiner Zeit, hatte er als Prämisse seiner theoretischen Arbeit die Gestaltbarkeit der gesellschaftlichen Zusammenhänge gewählt:

> »Man wird nie den gesellschaftlichen Mechanismus begreifen, wenn man sich nicht entschließt, eine bürgerliche Gesellschaft wie eine gewöhnliche Maschine auseinanderzunehmen, jeden Teil einzeln zu betrachten und sie dann alle, einen nach dem anderen, im Geiste wieder zusammenzufügen, um ihr Zusammenspiel zu erfassen und die allgemeine Harmonie wahrzunehmen, die daraus entstehen muß.«[50]

Genau diese durchgreifende Neugestaltung der gesellschaftlichen Verhältnisse war es jedoch, welche die Angehörigen von Klerus und Aristokratie am meisten fürchteten. In einer Gesellschaft, in der sich das Bürgertum aus seiner feigen »Knechtschaft«[51] endlich gelöst und seine Selbstachtung errungen hat, in der sich die Menschen als Gleiche begegnen und in der nach Köpfen abgestimmt wird, in der allgemeine Gesetze durchgesetzt sind und das Wirtschaftsleben nach Prinzipien des Wettbewerbs organisiert ist, würden die Privilegierten nicht allein zu den Verlierern zählen; sie erschienen nun gar als Feinde der Gesellschaft schlechthin. Sie repräsentieren, so Sieyès, gleichsam das Andere der bürgerlichen Gesellschaft:

> »Als Privilegierten bezeichne ich jeden Menschen, der aus dem gemeinsamen Recht heraustritt, sei es, weil er behauptet, nicht in *allem* dem gemeinsamen Gesetz unterworfen zu sein, sei es, weil er *exklusive* Rechte verlangt. Eine privilegierte Klasse ist nicht nur durch ihren Korpsgeist, sondern schon durch ihre Existenz schädlich.«

In seiner Weiterführung dieser Überlegung klingt bereits jene Rhetorik der Entgrenzung an, die im revolutionären Frankreich schon bald die Oberhand gewinnen sollte. Was soll, so fragt Sieyès,

> »mit den Menschen geschehen, die die gemeinsamen Rechte verachten, für sich selbst aber eigene, der Nation schädliche Rechte geschaffen haben – mit jenen Menschen, deren bloße Existenz ein ewiger Affront gegen die Gesamtheit des Volkes ist?«[52]

Die genannten Flugschriften verdanken ihre rhetorische Wucht nicht zuletzt dem präzise geführten Nachweis, worin dieser Affront genau besteht. Die Angehörigen des Ancien Régime sind – so die Kritik Sieyès' – eben nicht allein auf ihren finanziellen Vorteil aus; das Beharren auf ihren Privilegien verstieß gleich auf mehrfache Weise gegen die Prinzipien der bürgerlichen Gesellschaft. Indem sie mit dem Stammbaum argumentierten und aus der bloßen Zugehörigkeit zu einem bestimmten Geschlecht Sonderrechte ableiteten, begegneten sie allen anderen Mitgliedern der Gesellschaft nicht nur mit Geringschätzung; sie widersetzten sich ferner der Konkurrenz im Bereich der Ökonomie. Statt also den Wettbewerb zu fördern und das Leistungsprinzip zu etablieren, suchten sie ihre Pfründe durch die Bildung von Monopolen zu sichern. Dieses »falsche Gefühl eines persönlichen Vorrangs« prägte das Erleben der Privilegierten und färbte auch auf ihre Beziehungen zu den Angehörigen des dritten Standes ab. Sie sind, so Sieyès, »*nicht dazu geschaffen, verwechselt zu werden, gleich zu sein, zu konkurrieren oder sich in Gemeinschaft zu befinden*«.[53] Sie pochten auf Exklusivität und Singularität, gingen zum »Pöbel« auf Distanz und traten Gleichheit wie auch Gerechtigkeit mit Füßen.

Der Bürger blickt nach vorn

Die bürgerliche Gesellschaft geht nun, folgt man Sieyès, aus dem Bruch mit dieser überkommenen Praxis der Privilegierung hervor. Sie ersetzt die Zugehörigkeit zu einem Geschlecht durch individuelle zurechenbare Leistung, sie löst die Blockaden des Wettbewerbs und fördert ganz gezielt die Konkurrenz. Anders formuliert: Die bürgerliche Gesellschaft vertraut nicht länger auf Namen und Titel, sondern setzt auf Talente und Fähigkeiten. Dem entspricht, dass für ihre Selbstthematisierung der Blick in die Zukunft ungleich bedeutsamer ist als der Blick zurück. Anders als der Privilegierte, der sich die »edle *vergangene* Zeit« in Erinnerung ruft, blickt der Bürger auf »die unedle *Gegenwart*« und die »gleichgültige *Zukunft*«: »Die eine bereitet er vor, die andere stützt er mit Hilfe seiner Schaffenskraft.« Und Sieyès fügte hinzu, mit Blick auf den Bürger und nicht frei von Pathos: »Er *ist*, statt gewesen zu sein.«[54]

Obwohl offensichtlich ist, dass Sieyès die Inanspruchnahme wirtschaftlicher Vorrechte missbilligte – er verglich die Privilegierten mit einer »Schmarotzerpflanze«, die nur vom »Saft anderer Pflanzen leben könne«[55] –, ist doch nicht zu übersehen, dass ihn die Verweigerung der rechtlichen Gleichbehandlung am meisten erzürnte. Es ging hier um elementare, nicht verhandelbare Errungenschaften der Aufklärung. Was Jean-Jacques Rousseau in seiner politischen Theorie entwickelt und Immanuel Kant in seiner Moralphilosophie ausgearbeitet hatten, prägte eben auch die Französische Revolution, deren wichtigste Forderung bekanntermaßen *égalité* lautete – Gleichheit.

Um das bedeutsame Versprechen, das sich die bürgerliche Gesellschaft damit gegeben hatte, zu veranschaulichen, entwarf Sieyès gegen Ende seines Traktats ein eindrückliches Bild. Er illustrierte das Gesetz durch eine große Kugel, deren Mittelpunkt es bildete:

> »Alle Bürger ohne Ausnahme befinden sich im gleichen Abstand auf der Oberfläche und nehmen da gleiche Plätze ein. Alle hängen gleichermaßen vom Gesetz ab, alle stellen ihre Freiheit und ihr Eigentum unter seinen Schutz. Das nenne ich gemeinsame Rechte der Bürger, durch die sie alle gleich sind. Alle diese Individuen stehen miteinander in Kontakt, sie handeln und gehen gegenseitige Verpflichtungen ein, immer unter dem gemeinsamen Schutz des Gesetzes.«[56]

Und eben dieses feine Netz wechselseitiger Beziehungen, das sich dem Verkehr unter Gleichen verdankte, wurde von Klerus und Adel mutwillig zerrissen. Sie, die sich einem fairen Wahlrecht verweigerten und auf einer Bevorzugung in rechtlicher, politischer und ökonomischer Hinsicht beharrten, erwiesen sich damit als Totengräber jener juristischen Praxis, der sie doch ihren Sonderstatus verdankten. Und so hält Sieyès zusammenfassend fest: »Alle Privilegien sind also ihrem Wesen nach ungerecht, hassenswert und dem höchsten Zweck jeder staatlichen Gemeinschaft entgegengesetzt.«[57]

Als es, nicht einmal ein Jahr später, am 4. November 1789 in der französischen Nationalversammlung tatsächlich zur Abschaffung sämtlicher Privilegien kam, war dies ein Ereignis, das zwar zunächst auf Frankreich beschränkt blieb, aber gleichwohl eine »gesamteuropäische Signalwirkung« besaß.[58] Auch wenn sich schon bald erweisen sollte, dass das Bürgertum die Verbindung mit den Bauern und Arbeitern wieder löste, als es ihm opportun erschien, und die Sklaverei zunächst weiterbetrieben wurde[59], ist doch unstrittig, dass in der allgemeinen Gesetzgebung der Bruch mit der Feudalgesellschaft vollzogen worden war. Adressierte die alte rechtliche Ordnung unterschiedliche soziale Gruppen und kannte entsprechend viele Ausnahmen und Sonderfälle, trat an deren Stelle nun ein Gesetzbuch, das eine klare, logische Struktur aufwies. Am folgenreichsten war jedoch der Umstand, dass es nur noch einen Adressaten kannte. Auch Paolo Grossi stellt dies heraus:

»[W]eder Stände noch Vereinigungen oder Stiftungen tauchen auf, sondern nur das Individuum als handelndes Subjekt im Naturzustand, dieses Einheitssubjekt, das weder Adliger noch aus dem einfachen Volk, weder Bauer noch Kaufmann, weder arm noch begütert ist«. Und er fügt – in Klammern – hinzu: »Arme gibt es in dieser glücksdurchströmten Modellwelt nicht!«[60]

So wichtig dieser Nachtrag ist, weil er daran erinnert, dass mit der rechtlichen Gleichstellung noch keine soziale erreicht war, so markant war der Kontrast zu den Debatten, die währenddessen in Deutschland geführt wurden. Während in Frankreich das 1804 erlassene Zivilgesetzbuch auch deshalb als ein »legitimes Kind der Aufklärung und der Revolution« gelten konnte, weil es das Gleichheitsprinzip rechtlich absicherte und nur mehr mit »abstrakten Individuen« rechnete[61], nahm die Rechtsentwicklung diesseits des Rheins einen völlig anderen Verlauf. Hier, wo restaurative Kräfte ungleich stärker waren, wo in der Jurisprudenz die Kasuistik dominierte – also die Orientierung an der Analyse einzelner Fälle – und lokale Besonderheiten berücksichtigt wurden, gerieten Privilegien zwar ebenfalls in die Kritik, aber sie wurden nicht eliminiert. Sie überlebten und fanden Eingang in das bereits erwähnte Allgemeine Preußische Landrecht, das in einer ersten Fassung im Jahr 1794 verabschiedet wurde.

Reformbedarf in Preußen

Wie groß die Vorbehalte waren, auf die eine Rechtsreform in den Preußischen Ländern traf, wurde in einer Einlassung von Carl Gottlieb Svarez deutlich. Mit feinem Gespür für die Verschiebung der gesellschaftlichen Kräfteverhältnisse, die von solchen Unternehmungen ausgehen können, hielt der Justizbeamte, der federführend am Allgemeinen Preußischen Landrecht mitgearbeitet hatte, fest:

> »Jede Neuerung in der Gesetzgebung ist gefährlich. Sie kann nie erfolgen, ohne daß der Staat oder gewisse Klassen seiner Mitbürger eine Art von Erschütterung erleiden.« Und er fährt fort: »Dies gilt besonders von den Gesetzen, welche den Stand und die persönlichen Rechte des Menschen bestimmen. Das Gute muß also sehr überwiegend und sehr zuverlässig sein, welches den Gesetzgeber soll bewegen können, alte Gesetze abzuschaffen und neue an deren Stelle einzuführen, ohne sich durch jene widrigen Folgen davon abhalten zu lassen.«[62]

Aus dieser reservierten Haltung Svarez' nun zu folgern, dass sich die Preußische Beamtenschaft jeder Reform strikt verweigert hätte, wäre jedoch falsch. Vielmehr kommt ihnen bei der gesellschaftlichen Erneuerung eine bedeutsame Rolle zu: Völlig frei von dem Verdacht revolutionärer Umtriebe, strebten sie nach einer Modernisierung des Rechts – und trugen dadurch maßgeblich dazu bei, die patriarchalisch organisierte Feudalgesellschaft zu überwinden. Ohne eine revolutionäre Gesinnung zu besitzen und von aufständischen Bewegungen schon habituell denkbar weit entfernt, wurden sie zu Wegbereitern einer tiefgreifenden gesellschaftlichen Modernisierung, in deren Folge der Begriff des Privilegs nun auch hierzulande rechtlich weitgehend entleert wurde.[63]

Diesen Umstand hat der Historiker Reinhart Koselleck untersucht. In seiner viel zitierten Habilitationsschrift *Preußen zwischen Reform und Revolution* wandte er sich dem Allgemeinen Preußischen Landrecht zu und erinnerte an die Figur des Janus, um dessen Charakter näher zu erläutern. Der römische Gott besaß zweierlei Gesichter und verkörperte gegensätzliche Kräfte; Janus verdankte sein Profil mithin dem Widerstreit. Und eben dies kennzeichnete nach Koselleck auch das Allgemeine Preußische Landrecht. Das umfangreiche Gesetzeswerk, das annähernd 20 000 Paragrafen kannte, zielte durchaus nicht auf die Überwindung des Status quo. Es ließ die Besitzverhältnisse weitestgehend unangetastet, fand zeitgemäße Begründungen für den Fortbestand der unterschiedlichen Privilegien und setzte doch genau dadurch eine Dynamik frei, welche später auch von den begünstigten sozialen Klassen nicht mehr eingefangen werden konnte. Koselleck beschreibt diese irritierende Gleichzeitigkeit wie folgt:

> »Das Landrecht vereint – deutlich unterscheidbar – beides: die Bestimmungen aufgeklärter Staatsplanung und ständisches Herkommen. […] Im theoretischen Entwurf zielt es auf einen Rechtszustand, der der bestehenden Wirklichkeit weit vorauseilte, während diese Wirklichkeit durch eine Fülle von Bestimmungen kodifiziert wurde, die dem geplanten Rechtszustand hinderlich waren, ja ihm widersprachen.«[64]

Anders gewendet: Indem die Redaktoren des Allgemeinen Preußischen Landrechts nach Wegen suchten, um die traditionelle Praxis der Privilegienerteilung in eine zeitgemäße Form zu kleiden, setzten sie einen folgenreichen Emanzipationsprozess in Gang, der schließlich zur Überwindung der Feudalgesellschaft führte – ohne dies je beabsichtigt zu haben.

Die Keimzelle dieses Prozesses war die Debatte, die um die

Einleitung des Allgemeinen Landrechts geführt wurde. Hier, in der umfangreichen Einleitung, fanden sich Paragrafen, die der Bestimmung, Erteilung und Inanspruchnahme von Privilegien gewidmet waren. Das Gewicht, das den Privilegien beigemessen wurde, war immens. Andreas Schwennicke schreibt mit Blick auf die Ergebnisse (rechts-)historischer Forschungen: Zwar »sei die alte ständische Sozialverfassung im Gesetzbuch festgeschrieben worden; sie sei aber derart mit modernen, den Horizont für die freie Staatsbürgerschaft eröffnenden Prinzipien verbunden, daß das Allgemeine Landrecht zugleich die Wurzeln für die Überwindung der ständischen Gesellschaft gelegt habe.«[65]

Schwennicke interpretiert die Einleitung des Allgemeinen Landrechts somit als ein Kräfteparallelogramm, das seine Gestalt den widerstreitenden Akteuren verdankte, die versuchten, ihren Einfluss geltend zu machen. Auf der einen Seite befanden sich jene sozialen Klassen, die traditionell über zahlreiche Privilegien verfügten. Sie suchten sicherzustellen, dass diese auch künftig nicht angetastet würden, und drängten mit aller Macht darauf, einen weitreichenden Bestandsschutz zu erhalten. Gemäß der lateinischen Formel »pacta sunt servanda« insistierten sie darauf, dass Verträge einzuhalten seien und dass dies selbstverständlich auch für den Gesetzgeber selbst gelten müsse.[66] Die Redaktoren des Allgemeinen Landrechts verweigerten sich diesem Ansinnen nicht, knüpften die Zusage des Bestandsschutzes jedoch an bestimmte Bedingungen. Sie machten etwa die strikte Bindung an das Gemeinwohl zur Auflage. So wurde in der Einleitung nicht nur verbindlich festgehalten, dass Privilegien künftig auf eine Weise erteilt werden müssten, welche »am wenigsten zum Nachtheil des Dritten gereichen«; es wurde überdies verfügt, dass sicherzustellen sei, »daß die wohltätige Absicht des Gebers dabey nicht verfehlt oder vereitelt werde.«[67]

Genau diese Strategie der Redaktoren erwies sich als überaus erfolgreich: Die Justizbeamten kamen den privilegierten

Ständen weit entgegen und berücksichtigten deren Interessen in hohem Maße. Zugleich waren sie aber an einer entschiedenen Modernisierung des Rechts interessiert, entwickelten ihre fachspezifische Reflexionskultur weiter und nahmen eine neue Rahmung der Erteilung von Privilegien vor. Sie stimmten dieser Praxis nur noch unter Auflagen zu – und verliehen ihnen dadurch eine normative Färbung. Indem sie die »Auslegung der Privilegien einem Gemeinwohlvorbehalt« unterstellten und an den »allgemeinen Gesetzen« orientierten, verstärkten sie letztlich die »privilegienfeindliche Tendenz« der neueren Rechtsprechung.[68]

Revolutionäre wider Willen

Der zentrale Konflikt, der gleichzeitig zum Treiber der gesellschaftlichen Modernisierung werden sollte, entzündete sich an der Frage, in welchen Fällen der Eigentumsschutz zu gewähren und unter welchen Bedingungen der Staat dies zu verweigern gehalten sei. Beide Parteien – die Vertreter der »alten Stände« wie auch jene eines absolutistischen Staates – beriefen sich zu diesem Zweck auf das Allgemeine Landrecht. Sukzessive gelang es dabei den Repräsentanten des Staates, sich einen »Vorsprung vor den Ständen« zu sichern und die Diskurshoheit zu erringen.[69] Die Preußischen Justizbeamten begegneten der Willkür bei der Privilegienerteilung, verpflichteten das Recht auf die Förderung der allgemeinen Wohlfahrt und fanden dabei in Kant und Hegel wichtige Fürsprecher. Beide, Kant wie auch Hegel, vertraten in ihren rechtsphilosophischen Schriften die Position, dass die Interessen des Adels nur nachrangig zu behandeln seien, sollten sie mit jenen der Allgemeinheit in Konflikt geraten. Das »Glück der Untertanen« sei in solchen Fällen ungleich höher zu veranschlagen, so etwa Hegel in seiner letzten Arbeit.[70]

Gerade weil ich in meiner Kommentierung der Rolle, die das Allgemeine Preußische Landrecht bei der gesellschaftlichen Erneuerung spielte, das dialektische Moment besonders herausgestellt habe, sei abschließend noch einmal in Erinnerung gerufen, dass sich die Entwicklungen in Deutschland deutlich von jenen in Frankreich unterschieden. Wurden jenseits des Rheins nur kurz nach der Französischen Revolution die Privilegien vollständig abgeschafft und die Erklärung der Menschenrechte verabschiedet, kam es diesseits zu keiner vergleichbaren Neuordnung der gesellschaftlichen Verhältnisse.

Das Allgemeine Preußische Landrecht (ALR) ließ also – selbst bei wohlwollender Interpretation – viele Probleme ungelöst. Heinz Mohnhaupt hat den vielleicht wichtigsten Punkt knapp und bündig formuliert: »Das ALR garantierte die formelle Gleichheit *vor dem* Gesetz, schuf aber keine umfassende materielle Gleichheit *durch das* Gesetz.«[71]

Der Ruf nach der Abschaffung von Privilegien wurde daher im 19. Jahrhundert immer dringlicher. Und dies galt nicht allein für die Angehörigen des Proletariats. Bevor Karl Marx, der Rechtswissenschaften studiert hatte, die kapitalistische Gesellschaft geißelte, hatte schon Hegel den Fortbestand der Privilegien heftig kritisiert. Für ihn, dessen Philosophie um das Ereignis der Französischen Revolution kreiste[72], war es ein Skandal, dass die Idee der allgemeinen Freiheit vielerorts noch immer ihrer Realisierung harrte. Nachdem die Revolution im benachbarten Frankreich jeden zum Rechtssubjekt gemacht hatte – »weil er Mensch ist, nicht weil er Jude, Katholik, Protestant, Deutscher, Italiener u. s. f. ist«[73] –, war es nicht hinnehmbar, dass die Angehörigen des Klerus und des Adels noch immer auf eine privilegierte Behandlung pochten. Hegel, der im Tübinger Stift studiert hatte, beschuldigte freilich nicht allein die Württembergischen Stände dafür, dass sie sich »zu Verteidigern des Positiven und der Privilegien [aufwürfen]« und die letzten 25 Jahre »verschlafen« hätten; in seiner Schrift »Über die englische Reformbill«[74] kritisierte er kaum weniger scharf das Auseinanderklaffen von moderner politischer Verfassung und einer gesellschaftlichen Wirklichkeit, die noch immer von Vorrechten und Privilegien geprägt sei. Diese Standesprivilegien waren ihm »politisches Beispiel schlechthin für das, was er das ›schlechte Besondere‹ nennt, im Gegensatz zum guten, vernünftigen, wirklichen und richtigen Allgemeinen«.[75]

3 Wie funktioniert das Bildungsprivileg?

Dass das Privileg im 20. Jahrhundert zu einem Schlüsselbegriff in bildungspolitischen Debatten werden würde, muss diejenigen nicht verwundern, die mit der Entwicklung vertraut sind, die der Begriff im 18. Jahrhundert nahm. Der Begriff des Privilegs hatte sich von juristischen Diskursen emanzipiert, fand in der Aufklärung Eingang in philosophisch-politische Debatten und wurde eingesetzt, um unterschiedliche Formen der Berechtigung kritisch zu beleuchten. Dabei stießen jene, die dies betrieben, fast zwangsläufig auf den Begriff der Bildung, der den Kräften, welche die Französische Revolution freisetzte, einen beträchtlichen Bedeutungszuwachs verdankte.

Condorcet etwa, ein berühmter Zeitgenosse Emmanuel Sieyès', suchte in zwei Schriften die Einrichtungen des Bildungssystems auf die Ziele zu verpflichten, die 1789 verkündet worden waren. Das französische Bildungssystem müsse zum Motor der gesellschaftlichen Veränderungen werden und sich in den Dienst der Demokratisierung der gesellschaftlichen Verhältnisse stellen. »Demokratischer Zielpunkt ist«, so rückblickend der Bildungshistoriker Rudolf W. Keck, »die Rückführung der willkürlichen und zufälligen Ungleichheit durch Geburt und staatliche Privilegierung auf ein neues notwendiges und allgemeines Verteilungsprinzip, dessen Maßstab der tätige Mensch ist.«[1] Wo ehedem Willkür und Bevorzugung herrschten, sollten künftig Transparenz und Fairness, Leistung und Talent gelten. Den Bürger:innen, die frei geboren und mit gleichen Rechten ausgestattet waren, sollte in strikter Absehung von ihrer sozialer Herkunft freier Zugang zu den Bildungseinrichtungen gewährt werden. Entsprechend erklärte Condorcet: »Die Ausbildung ist das natürliche Bedürfnis aller. Die Gesellschaft hat mit aller Kraft den Fortschritt der allgemeinen Vernunft voranzutreiben und die Ausbildung allen Bürgern zugänglich zu machen.«[2]

Prozesse sozialer Schließung

Indes zeigte sich schon bald, dass dieses Anliegen diesseits des Rheins auf beträchtliche Widerstände traf. Die von krassen Disparitäten geprägte Ständegesellschaft ließ sich nicht einfach dadurch überwinden, dass die Einrichtungen des Bildungssystems mit dem Abbau von Privilegien betraut wurden. Sosehr sich fortschrittliche Kräfte für eine Neuorganisation des Bildungswesens einsetzten, so tief verwurzelt waren in den deutschen Ländern die Ungleichheitsstrukturen. Und so gut organisiert waren die konservativen Kräfte, auf die jene dabei trafen. Das Ringen dieser Akteure, die gegensätzliche Ziele verfolgten, führte denn auch nicht zu einer Überwindung der Privilegien aller Art; an ihre Stelle trat im 19. Jahrhundert eine neue Variante – das Bildungsprivileg.

Auf diesen Umstand hatte schon Max Weber hingewiesen. Obwohl dieser keine eigenständigen Beiträge zur Bildungssoziologie vorgelegt hatte, beobachtete er doch die Einrichtungen des Bildungswesens und deren zunehmenden Einfluss auf die Sozialstruktur. Er registrierte die Bemühungen um gesellschaftliche Reformen, stand diesen auch durchaus nicht ablehnend gegenüber, trat aber gleichwohl jenen entgegen, welche allzu große Hoffnungen an die Bildungseinrichtungen knüpften:

> »Unterschiede der ›Bildung‹ sind – man mag das noch so sehr bedauern – eine der allerstärksten rein innerlich wirkenden sozialen Schranken. Vor allem in Deutschland, wo fast die sämtlichen privilegierten Stellungen innerhalb und außerhalb des Staatsdienstes nicht nur an eine Qualifikation von *Fach*wissen, sondern außerdem von ›allgemeiner *Bildung*‹ geknüpft [sind] und das ganze Schul- und Hochschulsystem in deren Dienst gestellt ist.«[3]

Die Ständegesellschaft, so legte Weber nahe, sei auch zu Beginn des 20. Jahrhunderts noch nicht überwunden. Noch immer ließen sich Prozesse sozialer Schließung beachten, noch immer gelinge es sozialen Gruppen, exklusive Berechtigungsräume zu etablieren, sich Vorrechte zu sichern und Monopole zu erringen. Allein der Modus habe sich geändert. Abschlüsse von renommierten Gymnasien und angesehenen Hochschulen seien nun die Erkennungsmerkmale des »neue[n] Adels«. Es dürfe daher auch nicht verwundern, wenn eine demokratisch verfasste Gesellschaft, die wettbewerbsförmige Verfahren doch grundsätzlich befürworte, diese Entwicklung nicht vorbehaltlos begrüße. Sie stehe ihr, so Weber, in »zwiespältiger Stellungnahme gegenüber: einerseits bedeutet sie oder *scheint* sie doch zu bedeuten, ›Auslese‹ der Qualifiziertesten aus allen sozialen

Schichten an die Stelle der Honoratiorenherrschaft. Andererseits fürchtet sie von der Prüfung und dem Bildungspatent eine privilegierte ›Kaste‹ und kämpft daher dagegen.«[4]

Was Max Weber scharfsinnig diagnostiziert hatte, galt auch noch in den 1950er Jahren. Für die Weitergabe der Position, die jemand innerhalb des gesellschaftlichen Gefüges besaß, wurden Bildungsabschlüsse zunehmend wichtiger. Jene sozialen Gruppen, die schon in der Vergangenheit Privilegien genossen hatten, bewiesen ein feines Gespür für die Brisanz dieser Entwicklung und reagierten rasch. Sie erwiesen sich als überaus findig darin, den eigenen Nachwuchs mit den begehrten Bildungstiteln auszustatten. Ludwig von Friedeburg, der wie kaum ein anderer zu Bildungsreformen in Deutschland geforscht hat, arbeitete diese Instrumentalisierung der Bildungseinrichtungen durch gesellschaftliche Eliten überzeugend heraus. In der Nachkriegszeit sprach wenig dafür, dass die Organisation des Bildungswesens schon bald zum Auslöser heftiger politischer Auseinandersetzungen werden sollte:

> »Der Kampf um die besseren Stellen hatte die oberen Schichten darin bestärkt, den Weg durch das Berechtigungssystem zu ihnen möglichst schmal, allein für die eigenen Kinder möglichst sicher zu halten. Eine nach Begabung und Schulleistung fragende Orientierungsstufe konnte dabei nur stören. Das grundständige Gymnasium […] sorgte bei entsprechendem Familienhintergrund und elterlichem Nachdruck für die rechte Placierung.« Und er fuhr fort: »Für Schulreform schien weder Bedarf noch Nachfrage zu bestehen.«[5]

Die »rechte Placierung« konnte indes nur so lange als gesichert gelten, als auch jene ihre Zustimmung nicht verweigerten, deren Nachwuchs die deutlich weniger attraktiven Stellen angeboten bekam. Reibungslos funktionierte die Zuweisung gesellschaftlicher Positionen nur dann, wenn unterstellt werden konnte, dass alle Beteiligten soziales Prestige höher bewerten würden als objektivierbare Leistung, dass also Familienzugehörigkeit individuelle Ambitionen aussteche. Und eben dies konnte schon bald nicht mehr vorausgesetzt werden. Es wurden nicht nur Stimmen lauter, die eine Reform des Bildungssystems forderten und dessen Öffnung anmahnten; immer häufiger wurden nun auch Ambitionen von den Angehörigen jener sozialen Klassen artikuliert, die in der Vergangenheit mit den Bildungseinrichtungen gefremdelt hatten. Nicht allein Familien aus dem Bürgertum suchten nun ihre gesellschaftliche Position zu verbessern, sondern auch solche, die zum Kleinbürgertum zählten oder zur Arbeiterklasse.

An dieser Entwicklung konnten diejenigen nicht interessiert sein, denen es gelungen war, weitgehend unbemerkt ihre alten Privilegien in neue Vorrechte umzuwandeln.[6] Es ist durchaus kein Zufall, dass Helmut Schelsky bei diesen Debatten eine Schlüsselrolle spielte. Der bestens vernetzte Soziologe, den ich bereits erwähnte, war mit einem Gutachten für den »Deutschen Ausschuss für das Erziehungs- und Bildungswesen« beauftragt worden.[7]

Als Schelsky Mitte der 1950er sein Gutachten verfasste, war die Datengrundlage, auf die er sich beziehen konnte, sehr überschaubar. Gleichwohl prägte seine Stellungnahme über zwei Jahrzehnte hinweg die Diskussion. Und dies wohl auch deshalb, weil es ihm gelang, die Aufmerksamkeit auf einen Umstand zu lenken, der in seiner Bedeutung bislang unterschätzt worden war. Für die zeitgenössische Gesellschaft, die Schelsky als »nivellierte Berufsgesellschaft« fasste, sei charakteristisch, dass sie nur noch eine zentrale »*Dirigierungsstelle*« kenne – und dies sei die Schule. Die Schule galt ihm als »primäre, entscheidende und nahezu einzige Dirigierungsstelle für Rang, Stellung und Lebenschance des einzelnen in unserer Gesellschaft«.[8] Anders als in einer Klassengesellschaft, die von Statik und Determinismus geprägt sei, seien für moderne Gesellschaften westlicher Prägung Mobilität und Dynamik stilbildend. Die Vergangenheit büße hier an Bedeutung ein; an ihre Stelle träten nun pädagogische Einrichtungen. Ohne Rücksicht auf die Herkunft der Schüler:innen zu nehmen, unterwürfen sie alle einem Diktat der Zensuren. Die Zukunftsplanung würde daher den Familien aus den Händen genommen. In der Schule, verkörpert in der Gestalt des Lehrers, träte ihnen »eine gesellschafts- und staatsplanerische Apparatur gegenüber, die über ihre [...] privaten Lebensansprüche de facto entscheidet, also die Rolle einer Art Zuteilungsamtes in einer Sozialchancen-Zwangswirtschaft spielt.«[9]

Helmut Schelsky ist besorgt

Dieser Sprachgebrauch, der das Schulsystem der jungen Bundesrepublik in die Nähe eines autoritären, undurchschaubaren Apparates rückt, verrät, wie Schelsky jene Entwicklungen beurteilte, die er in seiner Denkschrift zum Gegenstand machte. Es ist zwar erkennbar, dass er die »Tendenz sozialer Abschließung« wie auch jene zur »Monopolisierung von Positionen und Berufen« für problematisch hielt und die stärkere Berücksichtigung von Begabung wie auch soziale Mobilität begrüßte.[10] Gleichwohl lässt sich nicht übersehen, dass er den Hoffnungen, die von der Aufwertung der Schule allenthalben geweckt wurden, skeptisch gegenüberstand. Die Angehörigen der unteren sozialen Schichten büßten, so seine Klage, offenkundig das Gespür für jene Positionen ein, die ihnen vermeintlich zustanden. Verführt von dem Versprechen eines offen ausgetragenen Wettbewerbs um Bildungstitel, ließen sie jenen Sinn für Platzierung vermissen, der lange Zeit für stabile Verhältnisse gesorgt habe. In der Folge entstünden immer häufiger auch bei jenen Aufstiegsambitionen, die sich in der Vergangenheit mit niedrigen Rängen begnügt hätten. Es laufe etwas aus dem Ruder, so die Sorge des Soziologen, wenn immer weitere gesellschaftliche Kreise in den Wettstreit um die begehrten Zeugnisse einträten.

Weil die Mechanismen der Selbstregulierung weitgehend außer Kraft gesetzt worden seien, müsse nun beherzt eingegriffen werden. Die zunehmende soziale Mobilität habe bei Eltern und ihren Kindern Begehrlichkeiten entstehen lassen, welche nicht nur häufig unerfüllt blieben, sondern auch die gesellschaftliche Ordnung gefährdeten. Auch wenn die Forderung nach Öffnung des Bildungswesens in der Öffentlichkeit mit Zuspruch rechnen könne, gelte es doch, der freigesetzten Dynamik entgegenzutreten. Es sei zwar unumgänglich, den Zugang zu weiterführenden Schulen zu erleichtern, aber gleichzeitig eben auch notwendig, diesen sehr genau zu kontrollieren. Somit führe kein Weg daran vorbei, »unberechtigte und illusorische Ausbildungswünsche stärker an den Sanktionen des Schulbetriebes« scheitern zu lassen. Den fraglichen Kindern und Eltern gelte es, so Schelsky, »durch eine gewisse Dauererfahrung des Scheiterns die unberechtigten Sozialansprüche und Illusionen zu nehmen«.[11]

Was hier im soziologischen Jargon der 1950er Jahre formuliert wird, ist – von heute aus betrachtet – ungeheuerlich. Und es erinnert auf fatale Weise an Bittgesuche, die gegen Ende der Ständegesellschaft verfasst wurden. Schelsky erklärt in seiner Denkschrift mit bemerkenswerter Kaltschnäuzigkeit, dass nicht alle Schüler in gleicher Weise berechtigt seien, durch besondere schulische Leistungen den eigenen sozialen Status zu verbessern. Nur einer kleinen Gruppe stünde es zu, so insinuiert er, das Gymnasium zu besuchen und sich um die Aufnahme an einer Hochschule zu bewerben oder direkt im Anschluss an den Schulbesuch einen der besonders begehrten Berufe zu ergreifen. Die ungleich größere Gruppe sei hierzu eben nicht legitimiert. Ihre Ansprüche müssten daher abschlägig beschieden werden.

Entscheidend ist, dass Schelsky diese »Berechtigung« nicht an individuell zurechenbare Leistungen knüpft. An Bestenauslese war er erkennbar nicht interessiert. Im Gegenteil: Der Soziologe fürchtete eher zu viel Wettbewerb. Stattdessen suchte er jene Logik der Berechtigung zu rehabilitieren, die für vormoderne Gesellschaften typisch war. Diese Logik hatte in der Ständegesellschaft zuverlässig dafür gesorgt, dass bei der gesellschaftlichen Platzierung weitgehend mit Zustimmung gerechnet werden konnte.[12] Nun aber, so musste Schelsky feststellen, könne diese Zustimmung nicht länger vorausgesetzt werden. Es wurde, so schien er zu unterstellen, ein lange Zeit gültiger Vertrag einseitig aufgekündigt. Mehr und mehr Kinder aus benachteiligten Familien hofften nun, ihre Position innerhalb des sozialen Gefüges zu verbessern – und intensivierten daher ihre Bemühungen um schulischen Erfolg. Dem müsse entgegengetreten werden.

Schelsky betrachtete die von ihm beschriebene »Dirigierungsfunktion« der Schule also als eine ambivalente Errungenschaft. Indem sie mit der Zuweisung des gesellschaftlichen Status betraut wurde, entwertete sie diejenigen Einrichtungen, die dies in der Vergangenheit übernommen hatten. Der immer weiter um sich greifende Wettbewerb bedrohte daher jene Ordnungen, die auf Traditionen, Stammbäume und Geschlechter gegründet waren und Bevorrechtigung an die Zugehörigkeit zu einem Stand, einer Schicht oder einer Klasse knüpften. Und genau dieser überkommenen Ordnung schien der Bielefelder Soziologe nachzutrauern.[13]

Ralf Dahrendorf meldet Zweifel an

Diese reaktionäre Haltung, die in der Nachkriegszeit durchaus nicht von Schelsky allein vertreten wurde, geriet in den 1960er und 1970er Jahren in die Kritik. Und sie trug maßgeblich dazu bei, dass der Begriff des Privilegs nun auch von Vertreter:innen der Soziologie und der Erziehungswissenschaft in Augenschein genommen wurde. Auf der Suche nach theoretischen Werkzeugen, die es ihnen erlaubten, jener elitären Attitüde zu begegnen, erfanden sie gleichsam den Begriff des »Bildungsprivilegs«. Und instrumentierten auf diese Weise ihre Kritik an einem Bildungswesen, das nur geringes Interesse daran erkennen ließ, dass die Zugangsberechtigungen über alle Klassengrenzen hinweg in Anspruch genommen wurden. Diese Frage warf indes bald darauf ein junger Soziologe auf, der einem Ruf an die Universität Tübingen gefolgt war. Ralf Dahrendorf hielt Schelskys These vom »Universalwerden der Aufstiegsbedürfnisse« für kaum haltbar. Und machte sich umgehend daran, über empirische Forschungen die Frage zu beantworten, ob alle sozialen Gruppen unterschiedslos Zugang zu den Bildungseinrichtungen fanden.

Doch so begründet die Zweifel waren, die Dahrendorf an Schelskys viel diskutierter Denkschrift anmeldete, war er doch auf mediale Verstärker angewiesen, die seinen Thesen öffentliche Resonanz sicherten. Der Zeithistoriker Wilfried Rudloff hat in diesem Zusammenhang an das Zusammenspiel von »Wissenschaft, Politik und Medien« erinnert, das schließlich dazu führte, dass die Debatte um ungleiche Bildungschancen nicht auf wissenschaftliche Fachkongresse beschränkt blieb, sondern auch in der breiten Öffentlichkeit und der Politik geführt wurde.[14]

Maßgeblichen Anteil daran hatte Georg Picht. Der Philosoph und Pädagoge prägte durch 1964 durch eine viel beachtete Artikelserie in der Wochenzeitschrift *Christ und Welt* einen Terminus, durch den der Eindruck entstand, dass von der Reform des Bildungssystems nichts weniger als die Zukunft der Bundesrepublik abzuhängen schien. Vom »Sputnik-Schock« bereits hinreichend sensibilisiert und in großer Sorge darum, beim Wettlauf der Systeme ins Hintertreffen zu geraten, reagierte die Öffentlichkeit alarmiert, als Picht dem deutschen Bildungssystem einen beträchtlichen Modernisierungsrückstand attestierte. Die griffige Formel, auf die er seine Diagnose brachte – er warnte vor der »Deutschen Bildungskatastrophe« –, löste ein mediales Erdbeben aus.

Es spricht manches dafür, dass in der Nachkriegszeit »kein Artikel eines einzelnen [Autors] eine vergleichbare Wirkung« erzielte.[15] Picht erweckte den Eindruck, dass der Wohlstand des Landes auf dem Spiel stünde: Nur wenn es gelinge, der Ökonomie gut ausgebildete junge Menschen zuzuführen und entsprechende »Begabungsreserven« zu heben, könnte der hohe Lebensstandard gehalten werden. Ins Zentrum geriet damit das Gymnasium und die Quote eines Jahrgangs, die erfolgreich zum Abitur geführt wurde: »Die Zahl der Abiturienten bezeichnet das geistige Potential eines Volkes, und von dem geistigen Potential eines Volkes sind in der modernen Welt die Konkurrenzfähigkeit der Wirtschaft, die Höhe des Sozialprodukts und die politische Stellung abhängig.«[16]

Als Dahrendorf im darauffolgenden Jahr das Wort ergriff und in der Wochenzeitung *Die Zeit* zwei Vorabdrucke seines neuen Buchs platzierte, war ihm die Publizistik wohlgesonnen. Er profitierte davon, dass sich in der Folge von Pichts Artikelserie die Kräfteverhältnisse zu verschieben begonnen hatten. Schelskys Position, der seine Ressentiments gegenüber der Öffnung der Schule nie versteckt hatte, verlor an Rückhalt. Dessen Beiträge büßten in jenem Moment an Überzeugungskraft ein, als Picht dem deutschen Bildungswesen ein denkbar schlechtes Zeugnis ausstellte. Dahrendorf sprach sich nun ebenfalls für eine Modernisierung des Bildungssystems aus, setzte dabei allerdings andere Akzente. Es ist dieser Perspektivenwechsel, der dazu führte, dass das Privileg in den 1970er Jahren ins Zentrum bildungspolitischer Debatten und gesellschaftlicher Auseinandersetzungen geriet.

Dahrendorfs Buch *Bildung ist Bürgerrecht* erschien 1965 in

der Reihe der *Zeit*-Bücher. Abgesichert durch eine breit angelegte, empirische Bildungsforschung, die er seit Beginn der 1960er Jahre betrieb, sprach sich der Soziologe für eine »aktive Bildungspolitik« aus und warb für einen Perspektivwechsel. Hatte sich Schelsky auf die Schule konzentriert und diese zur »zentralen Dirigierungsstelle« erklärt, lenkte Dahrendorf den Blick auf die Schüler:innen, welche diese besuchten, wie auch auf die Familien, aus denen sie stammten. Statt also auf abstrakte Weise davon zu sprechen, dass die Einrichtungen des Bildungswesens »Sozialchancen« verteilten, müsste die Analyse deutlich früher einsetzen: Sie müsste jene Bedingungen erhellen, welche die Inanspruchnahme der Bildungsangebote regulieren. Anders gewendet: Dahrendorf sprach nicht länger von »der Schülerschaft« und »der Schule« oder – schlimmer noch – von sozialen Gruppen, deren Ambitionen »berechtigt« seien, und von solchen, die »unberechtigte« Ansprüche stellten. Er interessierte sich stattdessen für die Voraussetzungen, die den Zugang zur Schule organisieren.

Damit gerieten nun die Schüler:innen und ihre Elternhäuser in den Blick. Ambition und Talent, Ehrgeiz und Interesse betrachtete Dahrendorf nicht länger als schicksalhafte Charaktereigenschaften, für deren Zuteilung die Glücksgöttin Fortuna verantwortlich ist; sie gerieten in den Blick als voraussetzungsreiche Dispositionen, die sich biographischen Erfahrungen und gesellschaftlichen Positionen verdanken. Dies galt auch für den Begriff der »Begabung«, der von Vertreter:innen des Deutschen Philologenverbandes biologisch enggeführt wurde. Dahrendorf sprach sich dezidiert gegen diese »vulgärpsychologische« Fassung aus und begriff Begabung als »ein Potential, eine höchst dynamische Größe. Sie kann entwickelt werden; sie kann unter ungünstigen Umständen ungeweckt bleiben, ja allmählich zurückgehen.«[17]

Die Erforschung sozialer Ungleichheit im Bildungswesen verdankt dieser Neuausrichtung sehr viel. Erst durch die Zurückdrängung eines schlicht gefassten Begabungsbegriffs wurde es möglich, den Blick von Einzelfällen zu lösen und ihn für Effekte der Sozialstruktur zu schärfen:

> »Während sich der Begriff der Begabung auf das Individuum in seinen Potenzialen und Fähigkeiten bezieht, richtet soziale Ungleichheit den Blick auf die gesamtgesellschaftlichen Verteilungsmuster der Chancen, an bestimmten sozialen Gütern teilzuhaben. Zwischen beiden Ebenen vermittelt der Begriff der sozialen Schicht. Erst dieser macht die dauerhaften Muster sozialer Ungleichheit hinter dem scheinbar zufälligen Ensemble individueller Verschiedenheiten sichtbar.«

In der Folge rückten auch, so Wilfried Rudloff, die »ungleichen Lernvoraussetzungen« in den Fokus, »die Kinder unterschiedlicher sozialer Herkunft mitbrachten, und die Barrieren informeller Art, die sie in der Entfaltung ihrer Begabungen hinderten«.[18]

Damit war nun der Weg frei für die Analyse jener Mechanismen, die dafür sorgten, dass den Kindern bestimmter sozialer Gruppen der Besuch weiterführender Schulen systematisch erschwert wurde. Mit Blick auf die eingeschränkten Möglichkeiten, die Arbeiterkinder, Mädchen, Katholik:innen sowie Schüler:innen besaßen, die in ländlichen Regionen aufwuchsen, sei es nachgerade »zynisch«, von gleichen Rechten zu sprechen. »Formelle Möglichkeiten«, so Dahrendorf in aller Klarheit, »werden durch soziale Realitäten derart unterlaufen, daß sie wertlos bleiben.«[19] Dass diese Gruppen in der Schule deutlich unterrepräsentiert seien, dürfe nicht länger mit mangelnder Motivation oder fehlender Begabung erklärt werden; stattdessen müssten die Gründe in einem Bildungssystem gesucht werden, das es in der Vergangenheit versäumt habe, einen niedrigschwelligen Zugang zu ermöglichen und die Eltern der betroffenen Kinder zu ermutigen, auch für ihren Nachwuchs nach der bestmöglichen Form der Förderung zu suchen.

Bringschuld und Holschuld

Auf diese Weise läutete Dahrendorf Mitte der 1960er Jahre einen Paradigmenwechsel ein: Sah Schelsky noch die Bringschuld auf der Seite der Schüler:innen und ihrer Eltern, die für ihre Bildungskarrieren selbst verantwortlich seien, nahm Dahrendorf nun die Schulen in die Pflicht und sprach von einer Holschuld. In ihrer Verantwortung liege es, eine Lernkultur zu etablieren, welche alle Kinder gleichermaßen adressiere. Statt die unterschiedlichen Voraussetzungen nur zu bewerten und die Leistungsdifferenzen zu messen, müsse die Schule mit geeigneten Maßnahmen auf diese reagieren und deren Überwindung zum Ziel erklären: »Nur eine neue Schule kann das Elternrecht zur lebendigen Realität werden lassen.«[20]

Die Pointe von Dahrendorfs Intervention bestand darin, dass er an dieser Stelle einen *juristischen* Terminus einführte. Die Benachteiligung bestimmter sozialer Gruppen galt ihm nicht lediglich als eine Unzulänglichkeit des deutschen Bildungssystems; sie betraf (und betrifft) elementare Grundrechte. Es gehe folglich auch nicht darum, dass künftig manche Kinder aus katholischen Familien oder aus strukturschwachen Regionen bei der Konkurrenz um Bildungstitel etwas weniger stark benachteiligt würden; es gehe um die Wahrnehmung eines Rechtes, das schlechterdings nicht verhandelbar sei. Die bestmögliche Förderung durch das Bildungswesen war nicht etwas, das großzügig *gewährt* wurde (und unter Umständen wieder entzogen werden konnte); sie stand *allen* Bürger:innen zu. Jedem und jeder. Ganz unabhängig von Herkunft, Geschlecht, Region oder Konfession. Und dies eben deshalb, weil Dahrendorf Bildung als garantiertes Bürgerrecht fasste.

Vor diesem Hintergrund leuchtet es unmittelbar ein, dass der Soziologe zur Charakterisierung jener Gruppen, die von dieser Zusage des Gesetzgebers in besonderer Weise profitierten, nicht einfach von Benachteiligten sprach. Arbeiterkinder, Mädchen, Schüler:innen aus ländlichen Regionen und aus katholischen Milieus besaßen im Wettbewerb um »Bildungspatente« (Weber) nicht einfach einen graduellen Nachteil, der es gerechtfertigt hätte, hier von unterschiedlichen Gruppen »Benachteiligter« zu sprechen. Das Skandalon bestand für Dahrendorf darin, dass ihnen ein elementares Recht vorenthalten wurde, das im Grundgesetz verbrieft war. Aus diesem Grund sprach er ausdrücklich von »unterprivilegierte[n] Gruppen«.[21]

Dahrendorfs Befunde dokumentierten daher nicht einfach Schwächen des Bildungssystems. Er wertete sie als Zeugnisse des Überdauerns ständischer Strukturen. Auch wenn die »Ursachen der Unterprivilegierung« für jede Gruppe gesondert untersucht werden müssten, besitzen sie doch, so Dahrendorf, einen »gemeinsamen Kern«: Sie alle »verhindern die Entstehung jener modernen, tätigen und mündigen Einstellung zur sozialen Welt, in der die Chancen der Bildung eine zentrale Stellung einnehmen«. Mit anderen Worten: Sie seien Ausdruck eines bedenklichen »Modernitätsrückstand[s] der deutschen Gesellschaft.«[22]

Bei Dahrendorfs Buch *Bildung ist Bürgerrecht* handelt es sich, daran sei erinnert, um ein Sachbuch. Der junge Hochschullehrer wandte sich damit explizit an eine breite Öffentlichkeit. Mit feinem Gespür für die Auseinandersetzungen, die in Klassenzimmern und bei Elternabenden ausgetragen wurden, sprach er davon, dass sich hier beide Konfliktparteien mit einer gewissen Feindseligkeit begegneten. Die Ressentiments, auf die Kinder aus weniger bildungsaffinen Milieus trafen, blieben nicht ohne Folgen – und zeigten sich ihrerseits in den Vorbehalten, mit denen deren Eltern dem pädagogischen Personal begegneten:

»Die Distanz der Land- und Arbeiterkinder, Mädchen und Katholiken zu den weiterführenden Schulen ist durchaus gegenseitig. Neben der Bildungsfeindlichkeit dieser Gruppen gibt es auch eine gleichfalls aus Fremdheit geborene Feindseligkeit der Schule gegenüber den Gruppen.«[23]

Das ist sehr genau beobachtet, wurde aber von Dahrendorf in seiner Logik nicht befriedigend entschlüsselt. Dessen ungeachtet kommt ihm das Verdienst zu, der Neuausrichtung der Ungleichheitsforschung wichtige Impulse gegeben zu haben. Dahrendorf trug maßgeblich dazu bei, dass die Rückständigkeit der institutionalisierten Bildung nun auch öffentlich diskutiert wurde, und er schärfte den Blick für gruppenspezifische Formen der Diskriminierung. Während Helmut Schelsky die Schulen vor klassenübergreifenden Aufstiegsambitionen in Schutz nahm, verpflichtete sein Tübinger Kollege diese darauf, allen Schüler:innen die bestmögliche Förderung zu gewähren. Weshalb die Schule dabei bislang versagt hatte, hatte er in seinem Buch jedoch nicht zu zeigen vermocht. Dessen Stärken bestanden im Aufweis von Missständen und der Popularisierung statistischer Sachverhalte, weniger im theoretischen Durchdringen der Mechanismen sozialer Schließung.

Gleichwohl war seine Streitschrift überaus erfolgreich. Innerhalb der Erziehungswissenschaft warben jene, die den Anschluss an die kritische Form der Sozialforschung suchten, für eine »realistische Wendung« und machten sich nun ebenfalls für einen »dynamischen Begabungsbegriff« stark.[24] Auch innerhalb der Bildungspolitik wurden Dahrendorfs Befunde intensiv diskutiert. So griff etwa der Westberliner Schulsenator Carl-Heinz Evers im Frühjahr 1965 auf dessen Befunde zurück und stellte dem »sozialen Modernitätsrückstand« einen »pädagogisch-strukturellen Modernitätsrückstand« gegenüber. Und auch Evers erkannte in der Struktur des Bildungswesens »Relikte einer ständischen Gesellschaft«.[25] Diese gelte es hinter sich zu lassen, um zu einer Schulreform zu gelangen, die »nicht mehr wie das gegenwärtige Sekundarschulwesen drei Klettertauen, sondern [...] mehr einer breiten Sprossenwand« gleiche.[26]

György Széll wirbt für Präzision

Der Begriff des Privilegs, von Dahrendorf zwar eingeführt, aber doch eher *en passant* verwendet, wurde kurz darauf von einem Fachkollegen prominent platziert. Der in Osnabrück lehrende Soziologe György Széll legte 1972 einen Sammelband mit dem Titel *Privilegierung und Nichtprivilegierung im Bildungssystem* vor.[27] Sein Ziel bestand nicht allein darin, den Anschluss an die internationale bildungssoziologische Forschung zu finden, sondern auch dem Begriff des Privilegs schärfere Konturen zu verleihen. Privilegierung suchte er dabei als ein Konzept auszuarbeiten, das nicht weniger als die »Funktionsweise der kapitalistischen Gesellschaft« erklären sollte.[28] Anders als Dahrendorf, der kaum Ambitionen erkennen ließ, sich als scharfer Kapitalismuskritiker zu profilieren, argumentierte Széll strikt materialistisch. Von besonderem Interesse ist sein gleichlautender Beitrag, mit dem er den Band eröffnete.

Bevor Széll seine kapitalismuskritische Fassung des Privilegien-Begriffs vorstellte, grenzte er ihn von den Begriffen »Deprivation« und »Benachteiligung« ab. Als ungeeignet erweise sich der Terminus Deprivation, weil kaum plausibel gemacht werden könne, was einem Arbeiterkind noch geraubt werden könne. Von Benachteiligung zu sprechen, bedeute wiederum eine unzulässige Bagatellisierung des Sachverhaltes; sie erinnere unfreiwillig an ein »Pferderennen«, bei dem eines der Tiere mit einem gewissen Handicap an den Start gehe.[29] Erst der Begriff des Privilegs sei geeignet, jene herrschaftskritische Dimension freizulegen, die unverzichtbar ist, wenn über die Funktion der Schule in der kapitalistischen Gesellschaft aufgeklärt werden solle.

Die von ihm vorgetragene Kritik am seinerzeit üblichen Sprachgebrauch ist auch heute noch einleuchtend. Ohne sich auf rechtshistorische Forschungen zu beziehen, argumentierte Széll rein sprachlogisch. Und erklärte, weshalb es wenig überzeugend sei, noch länger von »Unterprivilegierung« zu sprechen:

> »Wenn man unter Privilegierung versteht, Vorrechte gegenüber anderen Gesellschaftsmitgliedern zu haben, so kann es nur Privilegierte und *Nichtprivilegierte* geben. [...] Es liegt in der Natur der Sache, daß Privilegien immer nur von einer Minderheit besessen werden, denen die Masse der Nichtprivilegierten gegenübersteht.« Und er fuhr fort, indem er Rechtsfragen mit Herrschaftskritik verknüpfte: »Privilegien sind an den sozialen Status bzw. die gesellschaftliche Stellung gebunden und sind entweder das Ergebnis der Klassenteilung oder ihr Ursprung.«[30]

Was hier, auf den ersten Seiten, schon angedeutet wird, prägt auch den weiteren Text: Im Rückgriff auf Marx' dialektischen Materialismus gelten Széll die Verwerfungen, zu denen es im Bildungssystem kommt, lediglich als »Nebenwidersprüche«.[31] Sie sind abgeleitete Effekte jenes Klassenantagonismus, in dem die kleine Gruppe derer, die über Produktionsmittel verfügen, auf die ungleich größere Gruppe derer trifft, die gezwungen sind, ihre Arbeitskraft zu Markte zu tragen. Die bürgerliche Gesellschaft unterscheide sich hierin kaum von der Feudalgesellschaft, so die Einschätzung des Soziologen. In beiden Fällen profitiere die Gruppe der Privilegierten von ihren Vorrechten und setze diese ein, um ihre Macht langfristig zu festigen. Dies gelte auch noch für die Bundesrepublik. Deren Selbstbeschreibung als einer »nivellierten Mittelschichtgesellschaft« (Schelsky) sei durch und durch ideologisch, wie er mit Zahlen zu den Disparitäten in der Vermögensverteilung zu untermauern versuchte.[32]

Obwohl Széll erkennen ließ, dass er sehr wohl damit rechnete, dass sich bei jenen, die über keinerlei Privilegien verfügen, »Benachteiligungen kumulieren«[33], ging er doch dem Zusammenspiel von unterschiedlichen Formen der Übervorteilung nicht nach. Anders als etwa die Vertreter:innen der Kritischen Theorie, wählte er als Ausgangspunkt seiner Überlegungen den für kapitalistische Länder charakteristischen »Hauptwiderspruch«, dass jene, welche die Produktionsmittel schaffen, keine Verfügungsmacht über diese besitzen. Die »Monopolisierung«, die daraus resultiere, zeige sich längst auch in der Schule. Eben dies suchte er in den beiden letzten Teilen seines Beitrags zu zeigen. Hier bemühte er sich um den Nachweis, wie das »Privilegiensystem im Bildungssystem« funktioniert.[34]

Ähnlich wie Schelsky, der von der »zentralen Dirigierungsfunktion« der Schule gesprochen hatte, räumte auch Széll ein, dass dieser »eine immer größere Bedeutung bei der Positionsverteilung in der bürgerlichen Gesellschaft« zukomme. Wer daraus nun jedoch folgere, die Stellung im sozialen Gefüge sei in erster Linie über den »Erfolg im Schulwesen« zu erklären, sei ein Opfer der bürgerlichen Ideologie: Der schulische Erfolg sei nicht die Ursache, sondern die »Folge der Klassenlage, (d. h. des geltenden Privilegiensystems)«.[35]

Statt den eigenen sozialen Status zu zelebrieren und sich auf diese Weise angreifbar zu machen, gelinge es den elitären Kreisen, die Bildungseinrichtungen weitgehend unbemerkt für ihre Zwecke zu instrumentalisieren und die eigene gesellschaftliche Position zu legitimieren. Sie entzögen die eigenen Privilegien der Kritik, indem sie den Blick von den ungleichen Voraussetzungen ablenkten und die sozialen Differenzen von dem pädagogischen Personal mit dem Siegel der Leistungsdifferenz beglaubigen ließen. Damit begegneten sie einer Herausforderung, auf die der Erziehungswissenschaftler Sebastian Müller-Rolli etwa zehn Jahre später hinwies: »Das Dilemma, in dem sich in einer demokratischen Gesellschaft die herrschende Klasse befindet, liegt darin, *formal* jedem Menschen einen gleichen politischen Status zuzugestehen, *material*, d. h. ökonomisch, kulturell und sozial, den unteren Klassen diesen Status aber zu verwehren.« Und er fährt fort: »Wie vermag vor diesem Hintergrund die herrschende Klasse in der bürgerlichen Gesellschaft ihren Machtanspruch zu legitimieren?«[36]

Eben diese Funktion besitze, so Széll, die Schule in der bürgerlichen Gesellschaft. Mit ihrer Rhetorik der Bestenauslese entspreche sie der bürgerlichen Ideologie, die bekanntermaßen Wettbewerb und Konkurrenz prominent ausflaggt. Gleichzeitig errichte sie damit einen Paravent, der jene schmutzigen Spiele verdecke, die innerhalb der Schule gespielt würden. Nicht allein spiegelten die Lehrinhalte das herrschende Klassensystem verlässlich wider, auch die interne Organisation der Schule sei »gegen die Unterklassen gerichtet«. Das Bildungswesen sei daher, so Széll, für die Gruppe der Privilegierten von kaum zu überschätzender Bedeutung: Sie setzen es für die eigenen Zwecke ein und verwandeln soziale Vorteile in »Persönlichkeitsmerkmale«: Die Klassenzugehörigkeit bleibe zwar bestimmend, trete aber ausgerechnet in jenem Moment in den Hintergrund, in dem das pädagogische Personal Zeugnisse verteile und dabei die höchst ungleichen sozialen Voraussetzungen unsichtbar mache. Wenn in der Folge dessen die Kinder der Nichtprivilegierten in ihren Bemühungen merklich nachließen und sich von der Schule abwendeten, sei »der Zirkel des dauernden Ausschlusses von Privilegien geschlossen«.[37]

Obwohl György Széll nicht nur zur Aufklärung der Instrumentalisierung des Bildungssystems durch gesellschaftliche Eliten einen eigenständigen Beitrag geleistet, sondern auch dem Begriff des Privilegs schärfere Konturen verliehen hatte, stieß sein Buch hierzulande nicht auf größere Resonanz. Die Gründe dafür sind unterschiedlicher Art: Zunächst einmal trafen strikt materialistische Positionen zu Beginn der 1970er Jahre noch immer auf erhebliche Vorbehalte. In der Öffentlichkeit konnten solche Texte, allen Veränderungen, die von 1968 angestoßen wurden, zum Trotz, kaum mit unvoreingenommenem Interesse rechnen. Es kommt hinzu, dass das Buch *Privilegierung und Nichtprivilegierung im Bildungssystem* nicht das leistete, was sein Herausgeber in Aussicht gestellt hatte. Die Beiträge ließen kein ausgearbeitetes Forschungsprogramm erkennen und jene Kohärenz vermissen, die notwendig ist, um ein Thema in der Öffentlichkeit erfolgreich zu platzieren.

Am schwersten wog freilich, dass die Analyse des Bildungsprivilegs nicht hinreichend kleinteilig und differenziert genug angelegt war. So richtig es war, die ideologische Rede von der Mittelschichtsgesellschaft zu attackieren und auf die Fortdauer von Klassenstrukturen zu verweisen, so unbefriedigend war es doch, den Klassenantagonismus zur zentralen Ursache zu erklären. Széll hatte zwar wertvolle Einblicke in die Praxis der Reproduktion von sozialer Ungleichheit verschafft, dabei aber einen unterkomplexen theoretischen Zugang gewählt. Es muss es denn auch kaum verwundern, dass sein Beitrag in der Debatte um Bildungsprivilegien bis heute nur von wenigen genannt wird.

Eine Streitschrift aus Frankreich

Völlig anders fielen die Reaktionen auf einen Band mit Beiträgen zweier französischer Bildungssoziologen aus, der fast zeitgleich bei Klett-Cotta erschien. Unter dem Titel *Die Illusion der Chancengleichheit*[38] waren Übersetzungen von Texten zusammengestellt worden, die Pierre Bourdieu gemeinsam mit Jean-Claude Passeron publiziert hatte. Obwohl sich die Autoren in ihren »Untersuchungen zur Soziologie des Bildungswesens« auf das Nachbarland beschränkten, schlug das Buch hierzulande große Wellen. So besprach etwa der Politikwissenschaftler Christian Graf von Krockow das Buch 1972 in der Wochenzeitung *Die Zeit* und empfahl dessen Lektüre auch im Wissen darum, dass es für deutsche Leser »als Provokation und als Schock wirken« könne. Die Studien seien geeignet, das beliebte Narrativ des deutschen Bildungssystems zu entzaubern, dass hierzulande allein Leistung gefördert werde. Statt sich noch länger mit den wohlklingenden Idealen der Chancengleichheit zu schmücken, sollten sich die politisch Verantwortlichen mit jener unbequemen These auseinandersetzen, welche Bourdieu und Passeron aufgestellt hatten:

> »Das Bildungswesen, zumal das höhere, hilft nicht etwa die sozialen Ungleichheiten und Klassenprivilegien abzubauen, sondern im Gegenteil, es trägt entscheidend dazu bei, sie zu erhalten, indem es die Ungleichheiten in die dem modernen Bewußtsein einzig erträgliche Form kleidet – in die Illusion von Chancengleichheit und in den Schein einer Auslese auf Grund allgemeiner Leistungskriterien.«[39]

Es ist kein Zufall, dass es ein Theorieexport war, der dazu beitrug, den Blick auf das deutsche Bildungssystems nachhaltig zu irritieren und den Begriff des Bildungsprivilegs innerhalb der (bildungs-)politischen Semantik fest zu verankern. Die Arbeiten Pierre Bourdieus und seiner Mitarbeiter:innen dokumentierten einen völlig anderen Denkstil und forderten die deutschsprachige Sozialwissenschaft heraus. Worin diese Provokation genau bestand, hat der Sozialhistoriker Hans-Ulrich Wehler festgehalten. Anders als die deutschen Soziolog:innen, die schon in den 1950er Jahren mehrheitlich mit der »endgültige[n] Auflösung der herkömmlichen Klassenschranken« rechneten, dachten die Fachvertreter:innen aus den USA, aus Großbritannien und eben auch aus Frankreich »nicht von ferne daran, Klassen- und Schichtungstheorien derart bereitwillig zu opfern.«[40]

Im Zentrum von Bourdieus herrschaftskritischer Soziologie stand schon früh der Begriff des Privilegs. Bereits zu Beginn seiner wissenschaftlichen Karriere mit kolonialer Gewalt und sozialem Elend konfrontiert, entwickelte er eine Sozialtheorie, die sich nicht allein an der Lösung theoretischer Probleme, sondern auch an der Überwindung gesellschaftlicher Krisen zu bewähren hatte. Besonders pointiert hat er diesen Anspruch in einem Beitrag zur Soziologie des Geschlechterverhältnisses formuliert. Hier erläutert er, dass es ihm in seiner theoretischen Arbeit darum gehe, eine plausible Erklärung dafür zu finden, dass sich »die bestehende Ordnung mit ihren Herrschaftsverhältnissen, Rechten und Rechtsbeugungen, Privilegien und Ungerechtigkeiten letztlich so leicht perpetuiert und daß noch die unerträglichsten Existenzbedingungen so oft akzeptabel und sogar natürlich erscheinen können«.[41] Bei diesem Vorhaben komme der Analyse des Bildungssystems besondere Bedeutung zu. Hier könnten nicht nur Herrschaftsverhältnisse *in nuce* studiert werden; hier würden auch jene Dispositionen vermittelt, welche die Akzeptanz des Status quo wahrscheinlich werden und das Gegebene als das Vernünftige erscheinen ließen.

Bevor ich Bourdieus Beiträge zur Bildungssoziologie vorstelle und erläutere, inwiefern diese dem Begriff des Privilegs ein neues Gepräge verliehen, will ich kurz andeuten, wie es Mitte der 1960er in Frankreich um die Erforschung der Einrichtungen des Bildungssystems stand. Also just zu jener Zeit, als Ralf Dahrendorf an der Universität Tübingen damit begann, eine theoretisch informierte Bildungsforschung zu etablieren.

Auch in Frankreich führte die Schule als Forschungsgegenstand lange Zeit ein Schattendasein. Sie stand kaum im Verdacht, bei der Erzeugung sozialer Ungleichheit eine bedeutsame Rolle zu spielen. Ganz im Gegenteil: Sie war, so die weitverbreitete Überzeugung, den Idealen der Französischen Revolution verpflichtet und bewahrte deren stolzes Erbe. Dieses Selbstverständnis hat der französische Bildungssoziologe Christian Baudelot treffend beschrieben: »Die Schule an sich war Trägerin von Freiheit, Gleichheit, Brüderlichkeit. Schule machte frei, sie trug zur moralischen und geistigen Emanzipation der einzelnen und zum sozialen Aufstieg der Besten ungeachtet ihrer sozialen Herkunft bei.« Abgesichert durch spektakuläre Fälle wie etwa jene des französischen Präsidenten Georges Pompidous, der in einem Dorf des Département Cantal aufgewachsen war – die Großeltern Bauern, die Eltern Grundschullehrer:innen – und in den frühen 1950ern an die Spitze der Republik gewählt wurde, entwickelte sich das »republikanische Imaginäre«[42], das einen nüchternen Blick auf die Funktionen des Bildungssystems verhinderte.

Wie lässt sich nun erklären, dass sich zu Beginn der 1960er Jahre mit Pierre Bourdieu ein junger, ambitionierter Fachvertreter der Bildungssoziologie zuwendet – und damit einer Teildisziplin, die selbst innerhalb der Soziologie als randständig galt und kaum mit jenem *radical chic* aufwarten konnte, der in den Pariser Salons für Aufmerksamkeit gesorgt hätte? Weshalb greift er dabei auf den Begriff des Privilegs zurück?

Pierre Bourdieu besucht Internate

Bourdieu hatte einen ungewöhnlichen Bildungsweg beschritten. Aufschluss darüber gibt seine Abschiedsvorlesung, die er 2001 am Collège de France hielt. Hier warf er den Blick zurück auf die Anfänge seiner Laufbahn und legte dabei Motive frei, die seine wissenschaftliche Arbeit prägen sollten. 1930 in einem kleinen Dorf am Fuße der Pyrenäen geboren – und damit denkbar weit entfernt von Paris und seinen elitären Bildungseinrichtungen –, wächst er in einer Familie auf, die von der dörflichen Gemeinschaft in sozialer Hinsicht etwas separiert ist. Als Sohn eines Vaters, der sich als »Überläufer« erlebt, weil er nicht wie seine Nachbarn in der Landwirtschaft tätig ist, zeichnet sich Pierre Bourdieu schon früh durch besondere schulische Leistungen aus. Nachdem er zunächst ein Internat im nahe gelegenen Pau besucht, wo er wegen seines starken Dialekts verspottet wird, wechselt er an eines der berühmtesten Internate Frankreichs: Das Louis-le-Grand bildet seit Jahrhunderten die geistige Elite der Republik aus. Hier, in den Mauern eines ehemaligen Jesuitenkollegs, treffen jene aufeinander, die sich landesweit durch herausragende schulische Leistungen ausgezeichnet haben.

Was den jungen Bourdieu schon in Pau irritierte, ist im Louis-le-Grand noch stärker ausgeprägt: Den »Internen«, die im Internat zu übernachten gezwungen sind, stehen die »Externen« gegenüber, die nur den Unterricht besuchen, mittags zum Essen nach Hause eilen und das Internat nachmittags wieder verlassen. Der Kontrast dieser beiden Gruppen könnte ohnehin kaum größer sein, wird aber auch noch äußerlich markiert. Die »Internen«, die meist aus kleinbürgerlichen Familien der Provinz stammen, tragen ein graues, von einer Kordel zusammengehaltenes Hemd; ihnen gegenüber stehen die »Externen«, die mehrheitlich aus dem Pariser Großbürgertum kommen.[43] Sie zeichnen sich durch elegante Kleidung und verfeinerte Umgangsformen aus, tragen ungewöhnliche Vornamen und gehen exklusiven Hobbies nach. Bourdieu entgeht durchaus nicht, dass auch viele Lehrer:innen von dem Auftreten und der Eloquenz derer, die aus den »besten Kreisen« von Paris stammen, über die Maßen beeindruckt sind.

Die Erfahrungen, die Bourdieu hier macht, sensibilisieren ihn für die Ambivalenzen des pädagogischen Feldes. Er weiß, was er dem französischen Bildungssystem verdankt. Aus einem Elternhaus mit niedrigem sozioökonomischen Status stammend, hat er von einer rigide betriebenen Bestenauslese profitiert und gegen die Gesetze der Wahrscheinlichkeit Zugang zu einem der renommiertesten Lycées von Paris erhalten. Hier, am

Louis-le-Grand, besucht er die Vorbereitungsklasse für die École Normale Supérieure – eine Eliteeinrichtung, welche für höchste akademische Würden prädestiniert. Bourdieu, der aus einem Dorf im äußersten Südwesten stammt, ist also auf bestem Wege, in die Fußstapfen der französischen Geistesgrößen zu treten, mithin dem Bildungswesen zu großem Dank verpflichtet.

Gleichwohl hadert er mit dem Leben, das er hier führt. Trifft er während des Unterrichts auf Sprösslinge aus den vornehmsten Familien, ist nicht leicht zu entscheiden, was ihn mehr aufbringt – deren Überheblichkeit oder die Unterwürfigkeit mancher Lehrkräfte. So ist es eine eigentümliche Hassliebe, die Bourdieu den Eliteeinrichtungen des Bildungswesens entgegenbringt. Es ist eine innere Zerrissenheit, die auch seine wissenschaftliche Karriere prägen wird.

Bourdieu zählt zu einer ausgesucht kleinen Gruppe von Schüler:innen, die unter hochgradig privilegierten Bedingungen lernen. Er hat sich dabei von seinem Herkunftsmilieu denkbar weit entfernt, fühlt sich diesem aber immer noch verpflichtet. Und so geht er mit jenen Mitschüler:innen streng ins Gericht, die aufgrund ihrer sozialen Herkunft anderen mit Herablassung begegnen. Er hat »die Seiten gewechselt« und leidet darunter, sich seinen Eltern gegenüber nicht mehr verständlich machen zu können. Mehrfach ist er kurz davor, von der Schule gewiesen zu werden. Umso schmerzhafter ist es, dass er zu Hause auf keinerlei Verständnis hoffen kann, wenn er von den Konflikten berichtet:

> »Bei meinen Eltern stießen die Berichte über meine ständigen Schwierigkeiten mit der Schulaufsicht auf Unverständnis; sie konnten mich, der ich ihnen doch so privilegiert schien (mein Vater hatte die Schule mit vierzehn verlassen, und meine Mutter, die während dieser Zeit bei einer Tante in Pau untergekommen war, besuchte bis sechzehn

eine Ganztagsschule), nur selbst für die durch mich verursachten Sorgen verantwortlich machen […].«[44]

Es ist diese eigentümliche Positionierung – unter privilegierten Bedingungen zu lernen, ohne die Attitüde des Auserwählten annehmen zu wollen –, die Bourdieu als belastend erlebt. Und die schließlich auch die Ausprägung eines charakteristischen Forschungsstils begünstigt. Dies deutet sich bereits an, als er die École Normale Supérieure vorzeitig verlässt. Deren Besuch, der über ein staatliches Stipendium gefördert wird, erstreckt sich regulär über vier Jahre. Doch als Bourdieu nach nur drei Jahren sämtliche Prüfungen erfolgreich absolviert hat, verlässt er die Eliteschule. Von einem »heimlichen Schuldgefühl« getrieben, »den Müßiggang junger Bürgersöhne geteilt zu haben«, kehrt er Paris den Rücken zu und beginnt an einem Gymnasium zu unterrichten, um sich »nützlich zu machen«. Und dies, obwohl er »noch ein viertes Jahr hätte lernen«[45] und die staatliche Förderung in Anspruch nehmen können.

Krise der Reproduktionsstrategien

Um nun die Perspektive zu verstehen, aus der Bourdieu in den 1960er Jahren das französische Bildungswesen untersucht, hilft auch ein kurzer Blick auf seinen Militärdienst in Algerien. Als Bourdieu diesen antritt, ist er von der Gewalt der Kolonialmacht schockiert. Außerstande, die Gräueltaten zu unterbinden, entschließt er sich dazu, diese zu dokumentieren. Er setzt sich zu diesem Zweck mit den Methoden der Sozialforschung auseinander und sucht Zeugnis davon abzulegen, was sich vor seinen Augen vollzieht; er beobachtet das Alltagsleben und fährt in umkämpfte Gebiete; er schafft sich eine Kamera an, macht Tausende von Aufnahmen und legt Ende der 1950er Jahre sein erstes Buch vor.

Bei seinen Exkursionen wird Bourdieu zum Zeuge tiefgreifender Veränderungen: Die Reproduktionsstrategien, auf die algerische Berber über Generationen hinweg zurückgegriffen hatten, um Verwandtschaftsbeziehungen zu pflegen und ihr Erbe zu sichern, geraten in die Krise. Und eben dieses Phänomen beobachtet er, als er nach Frankreich zurückkehrt und sich in seiner Heimatregion für Heiratsstrategien zu interessieren beginnt. Selbst hier, im entlegenen Südwesten der Republik, sind Anfang der 1960er Jahre die Wirkungen dessen zu beobachten, was Schelsky in einprägsamer Form auf den Begriff gebracht hatte. Die beiden Bourdieu-Spezialisten Franz Schultheis und Stephan Egger fassen die Veränderungen, mit denen sich dieser bei seiner Rückkehr konfrontiert sieht, wie folgt zusammen:

> »In die bäuerliche Welt bricht damals eine ganz andere ›Kultur‹ ein, die Kultur einer Gesellschaft, deren massiver ökonomischer Strukturwandel gleichzeitig einen Wandel der Reproduktionsmöglichkeiten und Reproduktionsnotwendigkeiten des sozialen ›Erbes‹ mit sich bringt – im Zuge der Ausweitung des staatlichen Bildungswesens und der dort vergebenen, staatlich sanktionierten Titel und Diplome gewinnen ›schulische‹ Strategien als Mittel der Produktion und Reproduktion sozialer Gruppen immer mehr an Bedeutung.«[46]

Erneut ist Bourdieu mit einer Krise der Reproduktionsstrategien konfrontiert – aber nun in einem anderen geographisch-politischen Kontext. Erzwang die Kolonialmacht in den ländlichen Regionen Algeriens eine neue Form des Wirtschaftens, sind es nun bildungspolitische Maßnahmen, die dazu führen, dass sich auch in der französischen Provinz der Alltag zu verändern beginnt. Den Bildungseinrichtungen kommt bei der Platzierung des eigenen Nachwuchses eine stetig wachsende Bedeutung zu. Und eben dies erzwingt veränderte Strategien beim Einsatz der Mittel, die den Familien zur Verfügung stehen. Pierre Bourdieu ist mit seinem Team für diese theoretische Arbeit präpariert. Er profitiert davon, dass er in Algerien bereits damit begonnen hatte, ein begriffliches Instrumentarium zu entwickeln, um jene Kräfte untersuchen zu können, die bei gesellschaftlichen Transformationsprozessen freigesetzt werden.

Und doch wäre es unzutreffend zu behaupten, dass Bourdieu mit seinen Arbeiten zur Bildungssoziologie völlig neu ansetzt. Wichtige Impulse verdankt er empirischen Befunden, die Statistiker des Französischen Instituts für demographische Studien publiziert hatten. Alain Girard und Roger Bastide hatten 1962 mit Längsschnittstudien begonnen, um Aufschlüsse über den Bildungsverlauf von Sechstklässlern zu erhalten. Es konnten also Hypothesen über die Bedingungen schulischen Erfolgs aufgestellt werden. Dabei kamen, wenig überraschend, jene Variablen zum Einsatz, auf die bald darauf auch Ralf Dahrendorf zurückgreifen sollte – u. a. also Geschlecht, Alter, Einkommensverhältnisse, Beruf der Eltern.[47] Überraschend hingegen war ein Ergebnis, das die Auswertung der Daten ergab. Suchte man die hochgradig ungleichen Bildungschancen zu erklären, erwies sich das Bildungsniveau der Eltern im Vergleich zum Familieneinkommen als sehr viel bedeutsamer. Der Statistiker Paul Clerc formulierte daraufhin die Hypothese: »Der Einfluß des familialen Milieus auf den Schulerfolg scheint somit fast ausschließlich kultureller Natur zu sein.«[48]

Für ihre eigenen Untersuchungen, die Bourdieu und Passeron 1964 unter dem Titel *Les héritiers* vorlegten, übernahmen sie deren These von der Dominanz des kulturellen Kapitals. Ihr zentrales Anliegen bestand darin, jene Strategien freizulegen, mit denen die Angehörigen unterschiedlicher Klassen auf die veränderten Reproduktionsbedingungen reagierten. Dabei kam dem Begriff des Privilegs eine prominente Rolle zu.

Die Zahlen, die Bourdieu und Passeron präsentierten, waren aufsehenerregend: So war die Wahrscheinlichkeit des Hochschulbesuchs bei Kindern, deren Eltern leitende Angestellte oder Selbständige waren, 80- bzw. 40-mal höher als bei jenen, deren Eltern Landarbeiter oder Bauern waren.[49] Diese Befunde galt es aufzuklären, ohne eine Engführung auf die finanzielle Ausstattung der Herkunftsfamilie zu betreiben: »Ökonomische Faktoren jedenfalls reichen nicht aus, um zu erklären, weshalb die ›Bildungsmortalität‹ in den verschiedenen sozialen Klassen so unterschiedlich ausfällt.«[50]

Dirigierungsfunktion und Eliminierungsfunktion

Damit stand ein Verdacht im Raum, der die Einrichtungen des Bildungssystems in ein neues Licht tauchte: Hatte Schelsky noch von der »Dirigierungsfunktion« der Schule gesprochen, warfen Bourdieu und Passeron die Frage auf, ob nicht eher von deren »Eliminierungsfunktion« gesprochen werden müsste. Anders formuliert: Geht man davon aus, dass Intelligenz über alle Klassen und Milieus, aber auch über Ethnien und Geschlechter hinweg gleich verteilt ist, müssen Erklärungen für die krassen Disparitäten beim Zugang zur Hochschule gefunden werden. Und dies auch deshalb, weil es nach Bourdieu »keinen Grund für die Annahme gibt, die Zufälle der Genetik verteilten die Begabungsunterschiede ungleichmäßig auf die verschiedenen Gesellschaftsschichten«. Es käme einer Kapitulation der Bildungssoziologie gleich, würde sie mit einer »natürlichen« Ungleichverteilung rechnen. Ganz im Gegenteil gilt es, solche Auffälligkeiten als Stimulus der eigenen Arbeit zu begreifen: Die »soziologische Forschung muss deshalb in jedem Fall von dem Verdacht ausgehen, dass scheinbar natürliche Ungleichheit in Wirklichkeit gesellschaftlich bedingte kulturelle Ungleichheit ist, die sie systematisch aufdecken muss«.[51]

Entsprechend formulieren Bourdieu und Passeron in ihrem Buch *Die Erben* ihr Erkenntnisinteresse. Die Daten, die sie erhoben haben, sollten dazu dienen, das »Bildungsprivileg«[52] in seiner Logik zu entschlüsseln. Die beiden Autoren versuchen, jene Praktiken und Mechanismen freizulegen, die in ihrem Zusammenspiel dazu führen, dass beim Zugang zur Hochschule kognitive Fähigkeiten und individuell zurechenbare Leistungen nur eine nachrangige Rolle spielen. Soziale Herkunft und die Vertrautheit mit kulturellen Gütern schienen bei der Anbahnung von Bildungskarrieren viel bedeutsamer zu sein.

Um nun verstehen zu können, wie dies geschieht, sei es notwendig, sich von einer schlichten Fassung des Privilegien-Begriffs zu verabschieden: »Privilegien werden meist nur in ihren gröbsten Formen wahrgenommen, als Empfehlungen oder Beziehungen, Unterstützung bei den Schularbeiten oder Nachhilfeunterricht, Hinweise zu Bildungs- und Berufsmöglichkeiten.« Stattdessen sei mit ungleich raffinierteren Formen der Weitergabe zu rechnen:

> »Tatsächlich wird das Wesentliche des kulturellen Erbes aber viel diskreter, viel indirekter übertragen, ohne methodische Bemühungen, ohne manifestes Handeln. Gerade in den ›kultiviertesten‹ Klassen besteht am wenigsten die Notwendigkeit, zu einer Huldigung der Kultur anzuhalten oder bewusst in die kulturelle Praxis einzuführen.«[53]

Damit ist die Herausforderung benannt, vor der Bourdieu und Passeron stehen: Das »Bildungsprivileg« gilt ihnen als Schlüssel zu Praktiken der Abdrängung, Ausgrenzung und Eliminierung, die dazu führen, dass Kinder unterschiedlicher sozialer Klassen höchst ungleich gefördert werden und auf den einzelnen Stufen des Bildungssystems disproportional vertreten sind. Allerdings lässt sich, so ihre Hypothese, die Weitergabe des Erbes kaum einmal offen beobachten. Privilegien werden auf diskrete Weise vererbt. Und dies wohl auch deshalb, weil es mit dem Selbstverständnis der »Grande Nation« kaum vereinbar wäre, wenn fast 200 Jahre nach der Französischen Revolution offen verkündet würde, dass ein klangvoller Name noch immer mehr zählt als Leistung und Talent. Auf welche Weise aber geschieht nun der Transfer des Erbes? Wie werden Privilegien weitergegeben?

Fatale Selbstentwertung

Zunächst lenken Bourdieu und Passeron das Augenmerk auf eine erstaunliche Tatsache: Obwohl die Schule auch in Frankreich einen enormen Zuwachs an Bedeutung erfahren hat, betreiben weite Teile des pädagogischen Personals eine schleichende Entwertung der eigenen Arbeit. Sie vertreten eine »charismatische Ideologie«[54], die ausgerechnet jene kulturellen Kenntnisse aufwertet, die außerhalb der Schule erworben wurden. Deutlich wird dies, wenn man beobachtet, auf welche Gegenüberstellungen Lehrer:innen rekurrieren, sobald es gilt, gute von weniger guten Schüler:innen zu unterscheiden: Viele Fachkräfte neigen dazu, das Wissen, das zum Gegenstand einer Prüfung wird, von der Haltung, mit der etwas präsentiert wird, zu unterscheiden. Dem »schulischen Wissen« haftet dabei ein Makel an; es gilt als minderwertige Form des Wissens. Während dieses häufig auf dem Wege intensiven Übens erworben wird, kommt die vermeintlich »höhere« und »edlere« Form des Wissens ohne ein solches Stigma aus.

Der Angestrengtheit der Strebsamen und Fleißigen steht somit die Lässigkeit derer gegenüber, die sich von Kindesbeinen an in den »richtigen Kreisen« bewegen und einen spielerischen Umgang mit kulturellen Zeugnissen pflegen. Lassen jene eine tiefsitzende Unsicherheit erkennen, strahlen diese meist Sicherheit aus. Letztere wissen auch offene Fragestellungen besonders zu schätzen. In diesem Fall können sie mit ihren Wissensbeständen freier umgehen oder riskante Thesen formulieren – also genau das demonstrieren, was von Lehrer:innen als »Brillanz«, »Eleganz« oder »Souveränität« ausgelegt wird. Für Schüler:innen aus den unteren sozialen Klassen erweist sich diese Praxis der Selbstentwertung als fatal. Der Unterricht, der es ihnen ermöglichen könnte, familiäre Defizite auszugleichen, wird ausgerecht von jener Einrichtung diskreditiert, die ihn zu verantworten hat – der Schule. Für diese benachteiligte soziale Gruppe könnte die Schule, so Bourdieu und Passeron, »der Königsweg zur Demokratisierung der Bildung sein, würde sie nicht die ursprünglichen kulturellen Ungleichheiten bestätigen, indem sie ihnen keine Beachtung schenkt – wenn sie etwa Schularbeiten ihre ›Schulmäßigkeit‹ vorwirft – und nicht zur Abwertung der Bildung beitrüge, die sie selbst vermittelt«.[55]

Eng verknüpft mit dieser paradoxen Form der Selbstentwertung ist ein zweites Phänomen. Obwohl Bourdieu und Passeron in ihren Beiträgen von einer Klassengesellschaft sprechen und Positionierungskämpfe thematisieren, müssen sie festhalten, dass die massiven Formen der Übervorteilung nur selten auf Widerstand stoßen. Obwohl die »Sterblichkeitsrate« im französischen Bildungssystem für die Kinder aus den unteren sozialen Klassen erschreckend hoch ist, artikuliert sich kaum einmal Protest.

Diese irritierende Beobachtung suchen Bourdieu und Passeron aufzuklären. Sie bemühen sich also darum, einen Umstand zu erhellen, den sie selbst als skandalös erleben, der aber von denen, die davon betroffen sind, kaum einmal skandalisiert wird. Der Schlüssel ist auch hier die »aristokratische Vorstellung von Bildung«[56], die von der Mehrzahl des pädagogischen Personals geteilt wird. Indem Lehrer:innen die Mühelosigkeit beim Erwerb (hoch-)kultureller Fertigkeiten prämieren und diese als besondere Charaktereigenschaft auffassen, spielen sie den gesellschaftlichen Eliten in die Hände. Deren Mitglieder müssen daran interessiert sein, von ihrer privilegierten Position und den damit verbundenen Wettbewerbsvorteilen abzulenken. Ihnen kann nicht daran gelegen sein, von statistischen Wahrscheinlichkeiten und auffälligen Verteilungsmustern zu sprechen; ihr Interesse muss dem Einzelfall und dem Individuum gelten. Genau dies betreiben nun pädagogische Fachkräfte, wenn sie in ihrer Unterrichtspraxis einen bildungsbürgerlichen Habitus voraussetzen und diesen zur impliziten Norm erklären – ohne die Frage danach aufzuwerfen, was die materiellen Voraussetzungen für die Herausbildung eines solchen Habitus sind.[57]

Die Perfidie dieser Praxis besteht nun darin, dass sie nicht nur allenthalben auf Zustimmung zu stoßen, sondern auch noch Konflikte zu befrieden scheint. Es hat den Anschein, dass keine der beiden Seiten – weder die Kinder, die aus privilegierten Familien stammen, noch solche, die in kapitalschwachen Familien aufgewachsen sind – darin eine größere Ungerechtigkeit zu erkennen vermag. Wird die charismatische Ideologie des Bildungssystems von den sozialen Gruppen, die hier aufeinandertreffen, übernommen, begünstigt dies die Ausbildung zweier Haltungen, die einander auf fast schon unheimliche Weise korrespondieren: Während die Schüler:innen aus bildungsaffinen Elternhäusern dazu angehalten werden, die Zensuren als Ausweis ihrer besonderen Befähigungen zu interpretieren, werden jene, die in sozial benachteiligten Familien aufgewachsen sind, dazu verleitet, die Ursachen für das Scheitern in der eigenen Person zu suchen. »Schulisches Versagen« wird in solchen Fällen »wie selbstverständlich auf fehlende Begabung zurückgeführt, weil es nicht im Zusammenhang mit einer bestimmten sozialen Situation wahrgenommen wird, wie der intellektuellen Atmosphäre im weiteren Umfeld der Familie, der dort gesprochenen Sprache und dort vermittelten Haltung gegenüber Bildung und Kultur«.[58]

Und so ziehen Bourdieu und Passeron in ihrem Nachwort zu *Les héritiers* ein ernüchterndes Fazit. Obschon Mitte der

1960er Jahre auch in Frankreich die Bildungsexpansion begonnen hat, profitieren diejenigen, die auf die Demokratisierung von Schule und Hochschule angewiesen sind, davon nur wenig. Es fließen zwar beträchtliche finanzielle Mittel in den Ausbau des Bildungswesens, aber die Willkür des kulturellen Privilegs gilt weiterhin. Die Schule wird zum Komplizen der gesellschaftlichen Eliten, in dem sie diesen die Möglichkeit eröffnet, sozioökonomische Vorteile und die Vertrautheit mit der Welt der »Hochkultur« als individuelle Begabung und Charaktereigenschaften erscheinen zu lassen. Privilegien, die im Frankreich der 1960er Jahre als anstößig erscheinen müssen, treten nun im Gewand einer besonderen Befähigung auf und werden damit gegenüber öffentlicher Kritik immunisiert. »Derart maskiert, kann sich ein ›Klassenrassismus‹ zeigen, ohne jemals als solcher erkannt zu werden. Diese Alchimie ist«, so Bourdieu und Passeron, »umso weniger erstaunlich, als die unterprivilegierten Klassen [...] sich diesen Essentialismus der oberen Klassen zu eigen machen und ihre Benachteiligung als persönliches Schicksal erleben.«[59]

Cooling out

Die Kritik, die Bourdieu und Passeron formulierten, war an Schärfe kaum zu überbieten: Die Schule versage nicht allein bei der Aufgabe, allen Kindern – unabhängig von ihrer Herkunft – die bestmögliche Förderung zu gewähren. Schlimmer noch: Sie erweise sich als Komplizin der gesellschaftlichen Eliten und trage mit ihrer charismatischen Ideologie zur Tradierung jener Kultur der Bevorrechtigung bei, die doch ehedem für die Ständegesellschaft typisch war. Das pädagogische Personal ermögliche es somit den »Erben«, ihre Privilegien der öffentlichen Kritik zu entziehen wie auch die Praktiken der Weitergabe der öffentlichen Aufmerksamkeit. Kaum weniger problematisch ist indes der Umstand, dass die Schule nicht allein die »Legitimation des Bildungsprivilegs«[60] betreibe: Indem sie die Verlierer des Wettstreits um Zertifikate dazu bringe, die Gründe für ihr Scheitern in der eigenen Person zu suchen, betreibe sie genau jenes »Cooling out« von Bildungsambitionen, für das sich Schelsky ausgesprochen hatte.[61]

Stellt man nun in Rechnung, dass die Studie von Bourdieu und Passeron auf eklatante Weise gegen das Selbstverständnis der französischen Schule verstieß, verwundert es nicht, dass sie »wie ein Blitz aus heiterem Himmel« einschlug.[62] Sie entlarvte die affirmative Selbstbeschreibung des Bildungswesens und führte Mitte der 1960er Jahre eine Theoriesprache ein, auf die bis heute zurückgegriffen wird. Und dies nicht allein in Frankreich, sondern auch hierzulande.

An jene Fragen, die von Pierre Bourdieu und Jean-Claude Passeron Mitte der 1960er Jahre aufgeworfen worden waren, ist seither vielfach angeknüpft worden. Prominent geschah dies in einem Band, der 2004 erschien und mehrfach neu aufgelegt wurde. Hatten Rolf Becker und Wolfgang Lauterbach, Bildungssoziologe der eine, Erziehungswissenschaftler der andere, den Titel ihres Buches *Bildung als Privileg* zunächst noch mit einem Fragezeichen versehen, verzichteten sie darauf, als die 2. Auflage erschien. Im Vorwort zur 1. Auflage formulierten sie die leitende Fragestellung ihres Buchprojekts: »*Warum* ist es immer noch so, dass privilegierte Sozialschichten immer noch bessere Chancen haben, höhere Bildung zu erwerben?«[63] Die Dringlichkeit, die in dieser Frage zum Ausdruck kommt, hat ihren Grund darin, dass auch in Deutschland seit den 1960er Jahren verstärkte Bemühungen unternommen wurden, die Bildungsungleichheit abzubauen. Und doch, so hielten sie im Vorwort zur zweiten Auflage fest, belegen bildungssoziologische Untersuchungen, »dass Bildung immer noch ein Privileg ist, das ungleich zwischen sozialen Klassen und Nationalitäten verteilt ist«.[64]

Ich erwähnte bereits, dass das Bundesverfassungsgericht 1975 die Privilegienfeindlichkeit unserer Demokratie festgestellt hat. Dies ist mehr als nur ein formaler Beschluss aus Karlsruhe; er artikuliert das normative Selbstverständnis der Bundesrepublik. Hier kommt eine Überzeugung zum Ausdruck, die milieu- und parteiübergreifend als zustimmungsfähig gelten kann. Was der Soziologe Steffen Mau über das Selbstverständnis moderner Gesellschaften schreibt, gilt auch für Deutschland:

> »In ihrer Selbstauffassung und im Kontrast zur vormodernen Ständeordnung stellt sich die moderne Gesellschaft als meritokratisch dar, in welcher sich die soziale Position des Einzelnen weder der Abstammung noch statusbezogenen Vorrechten verdankt, sondern einzig und allein der Verbindung von Leistungsbereitschaft und Talent mit sozialem Status.«[65]

Daher rührt die Rede von Bildungsprivilegien an eine empfindliche Wunde. Sie durchkreuzt das hegemoniale Narrativ der Meritokratie, das auch deshalb so attraktiv erscheint, weil es Wettbewerb und individuelle Leistung betont. Weisen bildungssoziologische Studien indes nach, dass »Chancenhortung« und »Chancenentzug« nicht isoliert auftreten, stellt das liebgewonnene Überzeugungen in Frage. Für die überwiegende Mehrheit der Gesellschaft ist denn auch, so Mau, die »familiär bedingte Nachteilsprogrammierung von individuellen Lebensverläufen nur schwer hinzunehmen«.[66] Es ist, anders formuliert, schlechterdings nicht akzeptabel, wenn das meritokratische Versprechen gebrochen wird, wenn es zur Akkumulation von Vorteilen wie auch von Nachteilen kommt.[67]

Die USA und ihr Gründungsmythos

Es lohnt ein Blick auf jene Gesellschaft, die seit jeher mit den Versprechen wirbt, dass sie die Verklammerung von Herkunft und Zukunft gelöst hat und dass allein Leistung, Talent und Anstrengungsbereitschaft zählen. Auch wenn ein hohes Maß sozialer Mobilität noch immer als Kennzeichen der USA gilt, deckt sich dies kaum mit empirischen Befunden.[68] Diese sind mehr als ernüchternd. Ich will hier nur auf zwei Studien verweisen. 2005 hatte der in Berkeley lehrende Soziologe Jerome Karabel eine Studie zu den Eliteuniversitäten Harvard, Yale und Princeton vorgelegt. Unter dem Titel *The Chosen* präsentierte er eine Untersuchung der Auswahlverfahren, die hier zum Einsatz kommen. Seine Ergebnisse waren geeignet, die beliebte Rede von der »Bestenauslese« zu entzaubern. Die Rekrutierungspraktiken der Hochschulen, die allesamt mit extrem niedrigen Aufnahmequoten werben, strafen die Selbstdarstellung Lügen und begünstigen die gesellschaftlichen Eliten. Karabel zeigt mit detektivischem Gespür, wie es diesen gelingt, die renommierten Hochschulen dafür einzuspannen, ihre Privilegien geräuschlos an die nächste Generation zu vererben.[69] Zu einem vergleichbaren Ergebnis kam knapp zehn Jahre später der Ökonom Gregory Clark, der an der University of California in Davis lehrt. Er untersuchte mit einem Forschungsteam die soziale Mobilität. Auch in dieser international vergleichenden Studie, die unter dem Titel *The Son Also Rises* erschien, finden sich erdrückende Belege dafür, dass der Mythos vom amerikanischen Traum und der stark ausgeprägten sozialen Mobilität eben genau das ist – ein Mythos.[70]

Auch wenn es sich bei diesen Studien um solche handelt, die als Beiträge zu Fachdiskursen gelesen werden müssen, signalisieren sie doch eine allenthalben wachsende Sensibilität für bildungspolitische Fragen. Die Vererbung von Privilegien wird nicht länger nur von Expert:innen verhandelt. Deren Langlebigkeit verstößt auf so eklatante Weise gegen das Selbstverständnis moderner Gesellschaften, dass sie sich auch von jenen, die daran interessiert sind, kaum noch kaschieren lässt. Den wachsenden Unmut über die Vererbung von Privilegien thematisiert ein Buch von Michael J. Sandel. Der in Harvard lehrende Moralphilosoph hat sich den verheerenden Folgen des immer weiter forcierten Wettbewerbs zugewandt. Er kritisiert die Rede von Meritokratie nicht allein dafür, dass sie dazu beitrage, die Quellen gesellschaftlicher Solidarität aufzuzehren und den Sinn für Gemeinschaft zu beschädigen; er arbeitet auch heraus, dass diese Selbstbeschreibung durch und durch ideologisch ist.

Das hohe Lied der Meritokratie lenke davon ab, dass die US-amerikanischen Eliten höchst versiert darin seien, die Rhetorik des Wettbewerbs als Deckmantel für die eigenen Interessen zu nutzen. Sandel schreibt dazu in *Vom Ende des Gemeinwohls*: »Die Reichen und Mächtigen haben das System manipuliert, um ihre Privilegien zu behalten; die Akademiker haben herausgefunden, wie sie ihre Vorteile an ihre Kinder weitergeben können, wodurch die Meritokratie zu einer Erbaristokratie geworden ist.«[71]

Michael J. Sandel steht mit seiner Streitschrift nicht allein da. Gegenwärtig wächst das Bewusstsein dafür, dass nicht nur die Rekrutierungspraktiken der Hochschulen den Geboten der Fairness widersprechen. Immer vernehmlicher wird überdies der Verdacht artikuliert, dass auch die übrigen Bildungseinrichtungen keine Bestenauslese betreiben, sondern jene begünstigen, die über hohes kulturelles Kapital verfügen und aus privilegierten Kreisen stammen.

Es ist nun nicht ohne Ironie, dass genau in jenem Moment, in dem die Beteiligung des Bildungssystems an der Produktion und Reproduktion sozialer Ungleichheit öffentlich wieder stärker diskutiert wird, das Interesse an den Lebensläufen derjenigen zunimmt, die Ralf Dahrendorf, Pierre Bourdieu und Jean-Claude Passeron als »unterprivilegiert« bezeichnet hatten. Es gibt aktuell eine große Nachfrage nach Geschichten derer, die in depravierten Milieus aufgewachsen sind. Nicht allein die Feuilletons der Tageszeitungen widmen ihnen große Artikel; auch der Buchmarkt zeigt ein verstärktes Interesse an solchen Stimmen, die – versehen mit dem Siegel des »Authentischen« – in der Lage sind, jene Lebenswelten zu schildern, die von denen der Angehörigen des Bildungsbürgertums denkbar weit entfernt sind. Anders gewendet: Ausgerechnet in den bildungsaffinen, privilegierten Kreisen wächst das Interesse an »intellektuellen Übersetzern«, die in der Lage sind, ihnen solche Milieus zu erschließen, in denen kulturelles Kapital noch knapper ist als ökonomisches.[72]

Talking Back

Dies ist der politisch-mentalitätsgeschichtliche Kontext eines interessanten kulturellen Phänomens. Wir können derzeit die Entstehung einer neuen literarischen Gattung beobachten, die der Germanist Carlos Spoerhase »Autosoziobiografie« genannt hat.[73] Der etwas technisch klingende Terminus ist treffend gewählt: Er bezeichnet eine Textsorte, die aus dem Bemühen hervorgegangen ist, Lebenswelten und Lebensentwürfe zu schildern, die von Armut und Gewalt, von Diskriminierung und Alkoholismus, aber auch von Solidarität und Zusammenhalt geprägt sind, ohne dabei bürgerliche Erzählkonventionen zu bemühen. Die Autor:innen dieser Texte blicken auf ihre Bildungslaufbahn zurück und lösen sich dabei von dem Heroismus, der für die meisten Autobiographien charakteristisch ist. Sie suchen nach Formen, die es ihnen erlauben, ihr Herkunftsmilieu zu schildern, ohne dieses an bürgerlichen Erzählmustern zu messen – und es dadurch zu verraten.

Diese Bücher sind unterschiedlicher Gestalt. Manche bleiben den Spielregeln wissenschaftlicher Diskurse verpflichtet, andere bewegen sich vom Feld der Poesie aus auf die Wissenschaft zu. Wieder andere erinnern an konventionelle (Bildungs-)Romane. Doch trotz aller Differenzen in formaler Hinsicht ist ihnen gemeinsam, dass sie von Zorn, Scham und Selbstzweifeln, aber durchaus auch vom Stolz auf das Erreichte handeln. Hier artikuliert sich – mal laut, mal leise – eine Gegenrede; hier ergreifen jene das Wort, die der Herablassung der »besseren Kreise« überdrüssig sind. Im Sinne dessen, was die US-amerikanische Aktivistin und Literaturwissenschaftlerin bell hooks »talking back« nannte,[74] kündigen sie ihr Einverständnis auf. Sie widersprechen nun, fordern Aufmerksamkeit und gewähren Einblicke in komplizierte Familienverhältnisse. Sie erklären sich in ihren Texten, legen Zeugnis ab – und werden genau dafür von der bürgerlichen Presse gefeiert.[75]

Will nun man den Erfolg von Autor:innen wie Annie Ernaux, Didier Eribon, Édouard Louis, von J. D. Vance, Darren McGarvey und Deniz Ohde erklären, reicht es nicht, allein mit der Qualität der Bücher zu argumentieren. Auch wenn manche autosoziobiographische Texte in ästhetischer Hinsicht bestechen – dies gilt insbesondere für die Bücher von Annie Ernaux –,[76] hat das gewaltige Interesse, auf das diese Bücher stoßen, noch einen weiteren Grund. In der Aufmerksamkeit, die diesen Stimmen entgegengebracht wird, artikuliert sich auch die Sorge um politische Verwerfung und das Auseinanderdriften sozialer Milieus. Aufgeschreckt von dem Erfolg rechtspopulistischer Parteien nicht allein in Frankreich, der Wahl Donald Trumps zum Präsidenten der USA und dem Brexit, beginnen sich mehr und mehr Angehörige des Bürgertums für die Schicksale derer zu interessieren, die aus den Wettkämpfen um Titel und Stellen, um Kapital und Anerkennung als Verlierer hervorgehen.

Greifen Angehörige des Bildungsbürgertums also zu jenen Büchern, die von der Kritik gefeiert werden, können sie die Verheerungen studieren, welche die kapitalistischen Gesellschaften des Globalen Nordens produzieren – und eben nicht nur auf der Südhalbkugel, sondern auch in den Banlieues und der abgehängten Provinz, im Rust Belt und den Appalachen, im Süden Glasgows und in der Peripherie deutscher Großstädte. Hier treffen sie auf Autor:innen, die so detailliert wie anschaulich davon zu erzählen vermögen, was im bildungssoziologischen Jargon »Verhärtung von Soziallagen« und »Herausbildung neuer Blockaden« genannt wird.[77]

Der hierzulande bekannteste Vertreter der neuen Gattung ist Didier Eribon. Sein Buch *Rückkehr nach Reims* hat zu deren Popularisierung ungemein beitragen. Gleichsam über Nacht wurde der Soziologe im deutschsprachigen Raum zu einem Starintellektuellen. Dabei droht ein anderes wichtiges Werk im Schatten von *Rückkehr nach Reims* zu verschwinden. Zehn Jahre bevor Eribon schilderte, wie er als schwuler Jugendlicher in einem gewaltaffinen, homosexuellenfeindlichen Milieu aufwuchs, hatte er ein Buch publiziert, das innerhalb der *Queer and Gay Studies* als Standardwerk gilt. *Réflexions sur la question gay* verschafft einen umfassenden Einblick in schwule Lebenswelten.[78] Eribon schildert dabei freilich nicht nur Beleidigungen, Verletzungen und ihre identitätsstiftenden Effekte, sondern auch gegenhegemoniale Bewegungen. Schwul zu sein heißt nicht nur, durch Herabwürdigungen ins Leben gerufen und schon früh markiert zu werden; es bedeutet auch, so Eribon, gegen die etablierte Geschlechterordnung aufzubegehren und »die Gewalt zu bekämpfen, die diese Normativität mit sich bringt«.[79]

Damit wird deutlich, wie sehr sich die Rede von Privilegien in der jüngsten Vergangenheit verändert hat. In der Bildungssoziologie der 1960er Jahre dominierten zunächst makrosoziologische Zugänge: Im Rückgriff auf empirische Erhebungen konnte nachgewiesen werden, auf welche Weise es den Eliten gelingt, ihre privilegierte Position nicht nur abzusichern, sondern sie auch der öffentlichen Kritik zu entziehen. In diesem Zusammenhang wurde auch das »Cooling out« thematisch – also das Auskühlen der Ambitionen derer, die aus unteren sozialen Klassen stammen. Auch wenn die Rede von »Unterprivilegierten«, die sich dabei eingebürgerte, sachlogisch problematisch ist, kommt ihr doch das Verdienst zu, für die Verlierer:innen der gesellschaftlichen Positionierungskämpfe sensibilisiert zu haben. Es ist fraglos dem wachsenden Problembewusstsein für die Folgen des Bildungsprivilegs geschuldet, dass nun endlich auch jene gehört werden, welche die damit verknüpften Ungerechtigkeiten im Rückgriff auf eigene Erfahrungen zum Gegenstand machen. Die autosoziobiographischen Texte verschaffen mithin einen Zugang zum Erleben derer, die unter einer Gesellschaftsstruktur leiden, die Bildung auf groteske Weise überhöht und jene mit Missachtung straft, die bei dem Erwerb von kulturellem Kapital nicht sonderlich erfolgreich sind.

Permanente Wachsamkeit

Eine besondere Qualität der Texte von Didier Eribon besteht darin, dass er nicht nur die kleinen Gesten der Herablassung mit schmerzhafter Genauigkeit schildert und den bildungsbürgerlichen Habitus seziert; er zeigt auch – am Beispiel der eigenen Person – wie jene sich zu tarnen versuchen, die in ihrem Alltag immer wieder damit rechnen müssen, auf Vertreter:innen der privilegierten Kreise zu treffen. Als Bildungsaufsteiger war Eribon stets darum bemüht, alle Spuren zu löschen, die seine soziale Herkunft hätte verraten können. An der Universität von Paris angekommen, musste er das Sprechen »von Grund auf neu lernen: fehlerhafte Aussprachen oder Wendungen korrigieren, Regionalismen verlernen [...], den Zungenschlag des Nordostens als auch der Arbeiterschicht ablegen«, sich ein »feineres Vokabular und präzisere grammatikalische Konstruktionen angewöhnen«. Er begann damit, die eigene

Ausdrucksweise »permanent [zu] überwachen«. Und eben dies teilen Bildungsaufsteiger:innen mit Schwulen und Lesben. Auch sie wissen, dass sie gegen eine etablierte Norm verstoßen und gehalten sind, ihre Abweichungen zu kaschieren. Die »›ständige Wachsamkeit‹« ist daher auch für Homosexuelle typisch; sobald sie sich in der Öffentlichkeit bewegen und die geschützten Zonen ihrer Szenetreffs verlassen, tragen sie – so Eribon – »die Maske der Heterosexualität«.[80]

Der Vergleich von Bildungsaufsteiger:innen und Homosexuellen erhellt freilich noch eine andere Dimension von Privilegien. Weil diese auf ein zentrales Motiv des folgenden Kapitels verweist, will ich sie hier nur kurz andeuten. Eribon arbeitet eine bestimmte Form der Blindheit heraus, die für jene typisch ist, die im Besitz von Privilegien sind. Zum Gegenstand machte er sie, als er Anstoß an einem Text des französischen Soziologen Raymond Aron nimmt. Dass Aron in einer autobiographischen Erinnerung an die eigene Kindheit keinerlei Spuren der sozialen Klasse zu erkennen vermag, in der er aufgewachsen ist, empörte Eribon. Diese Unfähigkeit, die eigene privilegierte Lage als solche zu erkennen, sei indes kein Einzelfall: »Die Herrschenden merken nicht, dass ihre Welt nur einer partikularen, situierten Wahrheit entspricht (so wie ein Weißer sich nicht seines Weißseins und ein Heterosexueller sich nicht seiner Heterosexualität bewusst ist).« Und Eribon fährt fort: »Arons Bemerkung ist nichts anderes als das naive Eingeständnis eines Privilegierten, der glaubt, schon die Beschreibung seines eigenen sozialen Status sei Soziologie.«[81]

4 Warum sprechen wir heute von Privilegien im Plural?

Privilegierte sind auf eigentümliche Weise »blind« für die damit einhergehenden Formen der Bevorteilung und nehmen sich als unbeteiligte Beobachter gesellschaftlicher Auseinandersetzungen wahr – Didier Eribon formuliert diesen Befund eher beiläufig. Doch er ist für die Wendung, welche die Diskussion um Privilegien in den letzten Jahren genommen hat, von besonderer Bedeutung. Zeitgenössische Beiträge suchen nicht nur diese Form der Ignoranz zu verstehen,[1] sie bemühen sich auch darum, mehr als nur eine Quelle der Benachteiligung zu berücksichtigen. In der Folge geraten nicht nur sich überlagernde Formen der Diskriminierung in den Blick, es werden nun auch dort Formen der Privilegierung aufgedeckt, wo sie zuvor kaum jemand erwartet hatte. Ähnlich wie Bourdieu mit seinen bildungssoziologischen Studien dazu beigetragen hatte, den Alltag auf neue Weise in den Blick zu nehmen, betreiben auch die neueren Beiträge zur Privilegienkritik eine Ausweitung des Gegenstandsbereichs. Sie vermuten Privilegien nicht mehr allein im Bereich des Rechts oder beim Besuch von Bildungseinrichtungen; sie lenken das Augenmerk nun auch auf völlig anders geartete gesellschaftliche Phänomene – etwa auf polizeiliche Routinen oder auf die Zusammensetzung von Wohnquartieren. Dass es sich dabei nicht einfach um eine heitere Spurensuche handelt, die von Neugierde und Entdeckerfreude geprägt ist, wird vor dem Hintergrund der vorangegangenen Kapitel kaum überraschen. Die Aufdeckung neuer Spielarten von Privilegien trifft bei den dominanten gesellschaftlichen Gruppen auf keine Gegenliebe. Weil deren Interessen berührt sind, sobald Fragen der Berechtigung mit solchen der Benachteiligung verknüpft werden, muss die Privilegienkritik auch gegenwärtig mit Widerständen rechnen.

Die wichtigsten Impulse verdankt der neuere Diskurs über Privilegien der Frauenbewegung. Genauer: Auseinandersetzungen zwischen unterschiedlichen Fraktionen innerhalb der US-amerikanischen Frauenbewegung der 1970er und 1980er Jahre führten nicht nur zu heftigen internen Verwerfungen, sie beförderten auch die Suche nach einem Vokabular, das geeignet war, die spannungsreichen Beziehungen näher zu beschreiben, die sich hier ausgeprägt hatten. Es waren, um dies schon vorwegzunehmen, scharfe Vorwürfe, welche Schwarze und lesbische Feministinnen an die Adresse weißer Feministinnen richteten, die dazu führten, dass es bei Letzteren zu einer kritischen Selbstbefragung kam, für die schließlich der Begriff des Privilegs zentral wurde. Diese Debatten, die mit großer Vehemenz geführt wurden, waren zunächst auf einen überschaubaren Personenkreis beschränkt, der von bürgerlichen Kreisen gerne als »randständig« etikettiert wurde. Aber dabei blieb es nicht. Fragen, die seinerzeit in kleinen, von der Öffentlichkeit kaum beachteten feministischen Lesekreisen aufgeworfen wurden, prägen mittlerweile auch hierzulande Debatten und beginnen Institutionen zu verändern. Wenn sich gegenwärtig Studierende renommierter Universitäten in den Vereinigten Staaten von Amerika wechselseitig dazu anhalten, sich der eigenen privilegierten Position zu vergegenwärtigen, dann lassen sich die Vorläufer dieser Praxis in Wortgefechten ausmachen, die vor etwa 50 Jahren an der Ostküste der USA ausgetragen wurden.[2]

bell hooks, die zu den wichtigsten Stimmen des US-amerikanischen Schwarzen Feminismus zählt, hat einige jener Konfliktlinien rekonstruiert, zu denen es innerhalb der zweiten Frauenbewegung kam. Die jüngst verstorbene Literaturwissenschaftlerin und Aktivistin lässt in »Black Women and Feminism«[3] keinerlei Interesse daran erkennen, Konflikte zu beschönigen. Statt einmal mehr den Mythos von der gemeinsamen »sisterhood« zu bemühen, zeichnet sie ein detailgenaues Bild von den unterschiedlichen Fraktionen innerhalb der Frauenbewegung sowie von den widerstreitenden Interessen, die diese verfolgen. Sie setzt ein mit der Erinnerung an den spektakulären Auftritt von Sojourner Truth, die 1851 in einer Rede für sich reklamierte, eine Frau zu sein. Und das, obwohl sie arbeite wie ein Mann, obwohl sie ausgepeitscht wurde wie ein Mann, obwohl sie misshandelt und versklavt wurde wie ein Mann. Als Journer, die Vergewaltigungen erlitten und dreizehn Kinder zur Welt gebracht hatte, in der Versammlung ihre Brüste entblößte und allen Anwesenden die Frage entgegenschleuderte »Bin ich etwa keine Frau?«, drängten manche der weißen Frauenrechtlerinnen darauf, ihr das Wort zu entziehen. Diese Form der Interessenvertretung war ihnen augenscheinlich zu vulgär. Sie hielten es, so hooks, »für unpassend, dass eine Schwarze Frau* auf einer öffentlichen Plattform in ihrer Gegenwart sprechen sollte, und riefen: ›Don't let her speak! – Lasst sie nicht reden!‹.«[4]

Es ging dabei freilich nicht nur um Fragen der Etikette und der Schicklichkeit. Strittig war, was künftig im Zentrum der feministischen Kritik stehen sollte: Ging es allein um die Überwindung des Sexismus oder auch um die des Rassismus? Sollte der anspruchsvolle Versuch unternommen werden, deren komplexes Zusammenspiel zu erhellen, um es anschließend attackieren zu können? Ging es darum, das weiße, kapitalistische Patriarchat in seiner Struktur zu zerschlagen und an dessen Stelle etwas völlig Neues zu errichten?

Doppelter Verrat

Schon bald zeigte sich, dass viele weiße Frauenrechtlerinnen, die mehrheitlich aus dem Bürgertum stammten, vor einer Radikalisierung der Kritik zurückschreckten. Sie setzten sich für das Frauenwahlrecht ein, suchten ihre gesellschaftliche Teilhabe zu vergrößern – und blieben dabei doch für die Nöte, die von Schwarzen Feministinnen artikuliert wurden, weitgehend unempfänglich.[5] Stellt man in Rechnung, dass sich deren Lebensverhältnisse von jenen ihrer weißen, bürgerlichen Geschlechtsgenossinnen in vielen Fällen unterschieden, muss es nicht überraschen, dass sich dies auch in ihrer Programmatik niederschlug. hooks hält die Differenzen treffend fest: »Die Organisationen *weißer* Frauen* konnten ihre Aufmerksamkeit auf Themen wie Bildung, Wohltätigkeit oder die Gründung literarischer Gesellschaften richten, während sich Schwarze Frauen mit Problemen wie Armut, Betreuung von älteren Personen und Menschen mit Behinderung oder Sexarbeit befassten.«[6]

Die dominanten Strömungen innerhalb der weißen, bürgerlichen Frauenbewegung ließen zunächst keinerlei Interesse an einem Schulterschluss mit ihren Schwarzen »Schwestern« erkennen. Sie weigerten sich, das »Problem der Rassentrennung«, das W. E. B. Du Bois, einer der Begründer der Schwarzen Bürgerrechtsbewegung, schon 1903 in seinem Buch *The Souls of*

Black Folk[7] als zentrale Herausforderung des 20. Jahrhunderts bezeichnet hatte, in seiner ganzen Dramatik anzuerkennen. Ohne ersichtliches Interesse daran, die »color line« (Du Bois) – also die Unterscheidung von Menschen in »schwarz« und »weiß«[8] – in der eigenen politischen Arbeit zu berücksichtigen, scheuten sie davor zurück, die Frauenbewegung als ein radikal-emanzipatorisches Projekt zu begreifen. Als es im August 1920 zur Ratifizierung des 19. Zusatzartikels zur Verfassung der Vereinigten Staaten kam, wurde den Schwarzen Frauen von ihren (vermeintlichen) Mitstreiterinnen denn auch eine »bittere Lektion« erteilt: »Bei ihrer Arbeit für das Frauen*wahlrecht mussten sie feststellen, dass viele Weiße die Verleihung des Wahlrechts an Frauen als eine erneute Möglichkeit ansahen, das repressive System der weißen Vorherrschaft am Leben zu erhalten.«[9] Sie wollten, so kommentiert es hooks rückblickend, augenscheinlich lieber an der Seite ihrer Männer Teil des weißen Patriarchats werden, als dieses mit ihren Schwarzen Weggefährtinnen entschlossen zu bekämpfen.

Enttäuscht wurden die Schwarzen Feministinnen auch noch von anderer Seite. Nicht nur die weißen, bürgerlichen Mitglieder der Frauenbewegung ließen eine solidarische Praxis vermissen, das galt auch für die zweite Gruppe, die als potentiell Verbündete galten. Teilten die Schwarzen Feministinnen mit den weißen Frauen die Erfahrung des Sexismus, so teilten sie mit den Schwarzen Männern jene des Rassismus. An ihrer Seite, so die Erwartung, könnte der strukturelle Rassismus angegriffen, könnte die weiße Vorherrschaft, »white supremacy«, endlich überwunden werden. Auch diese Hoffnung wurde, so bell hooks, bitter enttäuscht. Ähnlich wie die weißen Frauen ihre Interessen verfolgten, hatten auch die männlichen Vertreter der Schwarzen Bürgerrechtsbewegung zumeist ihre eigenen Ziele im Blick. Aller kämpferischen Rhetorik zum Trotz scheuten auch sie vor einer Radikalisierung ihrer antirassistischen Kritik zurück. Weder wurde der Sexismus in den eigenen Reihen eingehend thematisiert, noch die Kritik des Kapitalismus konsequent zu Ende geführt.[10]

Es ist diese Konstellation – der doppelte Verrat –, die dazu führte, dass sich in den 1970er Jahren US-amerikanische Schwarze Frauen und Lesben auf neue Weise organisierten. Sie schielten nun weniger auf potentielle Bündnispartner:innen, wandten sich von der Frauenrechtsbewegung ab, die noch immer von weißen Frauen aus der Mittelschicht geprägt war, und sie grenzten sich von der Schwarzen Befreiungsbewegung ab, die männlich dominiert war. Obwohl sie mit den Mitgliedern beider Gruppen schmerzhafte Erfahrungen der Diskriminierung teilten, gingen sie dazu über, eigene Gruppen zu gründen. Sie wandten sich dabei jenen Erfahrungen der Herabwürdigung zu, die sie miteinander teilten – und machten diese zum Ausgangspunkt ihrer Politisierung. Sie wählten also sehr bewusst die spezifische Form der Verletzbarkeit, die ihnen gemeinsam war, zur Grundlage des politischen Engagements. Aus diesem Versuch, der unheilvollen Logik diskriminierender Praktiken gemeinsam entgegenzutreten, entstand das, was heute emanzipatorische Identitätspolitik genannt wird. Es ist denn auch kein Zufall, dass es eine Gruppe Schwarzer Frauen und Lesben war, welche diesen Begriff, der längst zum viel zitierten Stichwort politischer Debatten geworden ist, prägte.[11]

Das Combahee River Collective veröffentlicht ein Manifest

Das Combahee River Collective gründete sich zu Beginn der 1970er Jahre nicht nur, um sich über Erfahrungen der Diskriminierung auszutauschen, sondern auch mit dem Ziel, eine neue Form der Politik zu entwickeln. In Boston angesiedelt, wählten sie als Namen ihres Zusammenschlusses einen Fluss, an dessen Ufer die Schwarze Aktivistin Harriet Tubman im Jahr

1863 eine spektakuläre Befreiungsaktion initiiert hatte, bei der nicht weniger als 750 Menschen aus der Sklaverei befreit wurden.[12] Zum Stichwortgeber einer radikalisierten Form des Schwarzen Feminismus wurde das Combahee River Collective durch eine Streitschrift, die es 1977 veröffentlichte. Ihr Text »A Black Feminist Statement«[13] kann als eine der Gründungsurkunden dieser Bewegung gelten. Der Grund für ihren Zusammenschluss wird von ihnen knapp und pointiert benannt. Es sei »offensichtlich, dass keine andere vermeintlich progressive Bewegung unsere spezielle Unterdrückung jemals als Priorität gesehen hat oder sich ernsthaft damit beschäftigt hätte, sie zu beenden«. Und sie fahren fort: »Uns ist bewusst, dass wir die einzigen Menschen sind, denen wir wichtig genug sind, um beständig für unsere Befreiung zu kämpfen.«[14]

Die Schwarzen Frauen und Lesben, die sich hier organisierten, reagierten also auf die Beobachtung, dass ihre Interessen von den anderen Emanzipationsbewegungen immer nur als randständig wahrgenommen wurden. Und sie brachen mit der Tradition des Individualismus: Sie versammelten sich nicht hinter einer charismatischen Führungsfigur, sondern organisierten sich als ein Kollektiv, in dem sich die Stimmen und Anliegen vieler artikulierten. Es war womöglich auch dieser internen Pluralität geschuldet, dass sich die Mitglieder des Combahee River Collective in ihrem Statement dafür aussprachen, stets mit der Verschränkung von Ausbeutungssystemen zu rechnen: »Wir setzen uns aktiv dafür ein, gegen rassistische, sexistische, heterosexistische und klassistische Unterdrückung zu kämpfen, und sehen es als unsere spezielle Aufgabe, eine integrierte Analyse und Praxis zu entwickeln, die auf der Tatsache beruht, dass die Hauptunterdrückungssysteme miteinander verschränkt sind. Unsere Lebensbedingungen entstehen aus der Synthese dieser Unterdrückungsformen. Schwarzer Feminismus ist für uns als Schwarze Frauen* die logische politische Bewegung, um die vielschichtigen und gleichzeitig wirkenden

Unterdrückungsformen, mit denen alle Frauen* of Color konfrontiert sind, zu bekämpfen.«[15]

Für die Entwicklung einer emanzipatorischen Identitätspolitik war dieses »Statement« von besonderer Bedeutung. Die Verfasserinnen traten hier allen Spielarten des Paternalismus entgegen und sprachen sich gegen eine Politik der Stellvertretung aus. Ihr politisches Engagement speiste sich aus ihren eigenen Erfahrungen: »Wir glauben, dass eine tiefgehende und möglicherweise die radikalste politische Haltung direkt aus unserer eigenen Identität heraus entsteht und nicht aus dem Kampf gegen die Unterdrückung anderer Menschen.«[16] Zugleich schrieben sie sich damit in eine Tradition weiblicher Widerständigkeit ein, für die im US-amerikanischen Kontext die Namen Harriet Tubman und Sojourner Truth stehen, aber auch die von Angela Davis, bell hooks, Audre Lorde und vielen anderen.[17]

Doch das »Statement« des Combahee River Collective ist nicht nur ein Schlüsseltext emanzipatorischer Identitätspolitik, es hat auch die Diskussion um Privilegien auf maßgebliche Weise befördert – und dies ist der Grund, weshalb ich es hier vorstelle. Die Streitschrift des Bostoner Kollektivs hat den internen Verständigungsprozessen erst jene politische Schärfe und emotionale Wucht verliehen, die augenscheinlich notwendig waren, um weiße Feministinnen zu einer Reaktion zu nötigen. Und dazu, über die eigene Verstrickung in eine Gesellschaft nachzudenken, die nicht allein von Sexismus geprägt ist und der eklatanten Ungleichverteilung von Kapital, sondern eben auch von einem tief verwurzelten Rassismus. Für diese Dimension blind gewesen zu sein, warfen die Autorinnen den weißen Feministinnen vor: »Als Schwarzen Feministinnen* wird uns ständig schmerzlich bewusst gemacht, wie wenig sich *weiße* Frauen* bemüht haben, ihren Rassismus zu verstehen und zu bekämpfen. Dies erfordert unter anderem, dass sie ein tieferes Verständnis von *Race*, Hautfarbe und Schwarzer Geschichte und Kultur entwickeln. Rassismus in der *weißen* Frauen*bewegung zu eliminieren, ist per Definition Arbeit, die *weiße* Frauen* leisten müssen.«[18]

Genau jene Kritik erneuerte Audre Lorde, als sie 1979 an der »Second Sex Conference« in New York City teilnahm und um einen Beitrag für ein Podium gebeten wurde, das sich dem Verhältnis von Persönlichem und Politischem widmete. Gleich zu Beginn geißelte sie die »akademische Arroganz«, die darin zum Ausdruck käme, dass auf generalisierende Weise von »den Frauen« gesprochen, dass also die Unterschiede zwischen »Schwarzen Frauen, Frauen des globalen Südens, queeren Frauen und von Armut betroffenen Frauen« einmal mehr ausgeblendet würden. Dann wandte sie sich direkt an die weißen Kongressteilnehmerinnen und konfrontierte sie mit zwei äußerst unangenehmen Fragen: »Wenn ihr *weißen* amerikanischen Feministinnen glaubt, euch weder mit unserer Unterschiedlichkeit befassen zu müssen noch mit der daraus resultierenden vielgestaltigen Beschaffenheit unserer Unterdrückung – wie wollt ihr dann mit der Tatsache umgehen, dass die Frauen, die eure Häuser putzen und eure Kinder betreuen, während ihr an Konferenzen über feministische Theorie teilnehmt, meist von Armut betroffene Women of Color sind? Welche Theorie bildet die Grundlage für feministischen Rassismus?«[19]

Schockwellen in der weißen feministischen Community

Es gehört nicht viel Fantasie dazu, sich die Schockwellen vorzustellen, die diese Vorwürfe in der weißen feministischen Community auslösten. Diese Kritik war deshalb so schmerzhaft, weil sie das Selbstverständnis der weißen Feministinnen auf das Empfindlichste verletzte. Sie, die sich doch der Kritik an patriarchalen Strukturen verschrieben hatten, sahen sich nun mit der Anschuldigung konfrontiert, selbst ein Teil der verhassten Dominanzkultur zu sein. Es gehörte gleichsam zur DNA des weißen Feminismus, sich als Opfer des Patriarchats zu begreifen und das eigene Leiden am Sexismus herauszustellen – und nun wurden sie bezichtigt, auf der Seite der Täter zu stehen.

Birgit Rommelspacher hat in ihrer 1995 erschienenen Studie *Dominanzkultur*[20] an diese Analysen angeknüpft und die Versäumnisse des weißen Feminismus nüchtern und präzise benannt. Dieses Buch, das viele Feminist:innen bis heute inspiriert, kann auch als eine schonungslose Selbstkritik dessen gelesen werden, was sie die »westliche Tradition« des Feminismus nennt. Die Politikwissenschaftlerin schreibt: »Der westliche Feminismus hat lange Zeit an einem Verständnis von Emanzipation als einem allgemein gültigen festgehalten; und das nicht zuletzt auch deshalb, um die Eingebundenheit der weißen Frauen in die Dominanzkultur und ihren Anteil an der Privilegierung nicht wahrnehmen zu müssen. Auch die Macht von Frauen über Frauen wurde damit tabuisiert.«[21]

Nur so sei es vielen weißen Feministinnen gelungen, die eigene Verstrickung in die herrschenden Verhältnisse auszublenden – und damit auch die Privilegien, von denen sie als meist gut ausgebildete, weiße Mittelklasse-Frauen des globalen Nordens profitierten. »Wir müssten uns fragen«, so Rommelspacher, »inwieweit auch unsere Befreiungsphantasien von Dominanzwünschen getragen werden und ob auch wir damit die Vormachtstellung unserer Kultur den anderen gegenüber verteidigen möchten.« Und sie räumt ein, dass »eine solche kritische Selbstprüfung« nicht zuletzt aufgrund der »Tatsache der eigenen Diskriminierung« zu einer besonderen Herausforderung werde.[22]

Die Reaktionen auf diese Vorwürfe waren unterschiedlicher Art. Manche verweigerten sich der Auseinandersetzung. So ließ etwa Mary Daly, eine weiße lesbische Theologin, die ebenfalls einen radikalisierten Feminismus vertrat, einen Brief unbeantwortet, den ihr Audre Lorde im Frühsommer 1979 geschrieben hatte. Darin hatte sie sich für die Zusendung des Buches *Gyn-/Ökologie* bedankt, dieses zunächst auch anerkennend kommentiert, dann aber moniert, dass die spezifischen Formen der Diskriminierung Schwarzer Frauen und Women of Color auch von ihr unterschlagen würden.[23]

Andere suchten zwar das Gespräch, zeigten sich aber nicht bereit dazu, nun auch noch die Diskurshoheit aufzugeben – und verlangten von ihrem Gegenüber eine gewisse Mäßigung. Sie forderten die erzürnten Schwarzen Weggefährtinnen dazu auf, ihnen doch die offene Konfrontation mit ihrem Unmut zu ersparen. Lorde hat eine aufschlussreiche Blütenlese solcher Reaktionen zusammengestellt. So entgegnete ihr eine weiße Frau auf einer Konferenz: »Sag mir gern, was Du fühlst, aber formuliere es nicht so harsch, sonst kann ich dir nicht zuhören.«[24]

Stellt man in Rechnung, wie verunsichernd die Vorwürfe waren, mit denen sich weiße Feministinnen konfrontiert sahen, ist es durchaus nachvollziehbar, dass sich manche zunächst in einer Schockstarre befanden. Einige brachen den Kontakt ab, verweigerten die Auseinandersetzung oder versuchten, wie oben zitiert, ihre hegemoniale Position zu verteidigen und die Schwarzen Kolleginnen zu maßregeln. Andere räumten die Berechtigung der Kritik ein, sahen sich zu einer tiefgreifenden Selbstkritik der eigenen politisch-wissenschaftlichen Praxis genötigt. Wieder andere gewährten Einblicke in die Seelenpein, in die sie geraten waren, nachdem sie die anfängliche Verweigerungshaltung überwunden hatten und sich nun mit ihrer Verstrickung in ein rassistisches System konfrontiert sahen.

Peggy McIntosh blickt in den Spiegel

So auch Peggy McIntosh, eine weiße Sozialwissenschaftlerin und Aktivistin, die lange am »Wellesley Center for Women« in Massachusetts gelehrt hat und der in der Debatte um Privilegien eine Schlüsselrolle zukommt. 2020 berichtete sie in einem Interview mit dem Magazin *Zeit Campus* von ihrer Lektüre des Statements des Combahee River Collective und gestand, dass sie rückblickend bei sich genau jene fatale Kombination aus Verdrängung und Ignoranz erkannt habe, die sie bei ihren männlichen Kollegen immer dann beobachtet hatte, wenn diese auf ihren Androzentrismus angesprochen wurden. Genau wie viele Männer seinerzeit die inhaltliche Auseinandersetzung vermieden, suchte auch sie sich zunächst der Kritik zu entziehen: »Damals war ich geschockt, in mir jammerte es: Was, ich eine Unterdrückerin? Wie können die das nur sagen? Ich war doch nett, wenn ich mit ihnen arbeitete. Heute sehe ich, wie rassistisch diese Sichtweise ist.« Und auf die Frage der Interviewerinnen, was aus dieser Einsicht damals gefolgt sei, führte sie aus:

> »Eine zermürbende Phase. Mir wurde zum ersten Mal klar, dass ich in einem weißen Wissenssystem lebte – und davon profitierte. Es waren und sind Weiße, die die besten Universitäten des Landes leiten, die an allen wichtigen Schlüsselpositionen sitzen. Dieses weiße System machte auch mich zu einer Unterdrückerin, wie ich mir leidvoll eingestehen musste.«[25]

Diese Einschätzung wurde von den meisten weißen Feministinnen geteilt, als sie die Phase der anfänglichen Kränkung und Verweigerung überwunden hatten. Und genau diese, von McIntosh formulierte, schmerzhafte Einsicht erwies sich – von heute aus betrachtet – als produktiv. Die Konfrontation mit der Verstrickung in rassistische Strukturen und das wachsende Bewusstsein für die beträchtlichen Vorteile, die einer weißen Frau daraus erwachsen, beförderte die feministische Theoriebildung ungemein. Weiße Feministinnen, die in der Vergangenheit patriarchale Strukturen kritisiert hatten, richteten nun den Blick auf sich selbst, suchten die eigene Situiertheit zu begreifen sowie die schuldhafte Verstrickung in Abhängigkeitsverhältnisse, die sie bislang zwar zur Kenntnis genommen, aber nie ernsthaft erforscht hatten.

In den USA der 1980er Jahre setzte somit ein folgenreicher Perspektivenwechsel ein. Standen bis zu jenem Zeitpunkt meist die Opfer rassistischer Strukturen und Praktiken im Zentrum der Aufmerksamkeit, veränderte sich dies nun. So wichtig die in diesem Bereich geleistete Arbeit zweifellos war, hatte sie doch jene, die von der »color line« profitierten, meist nur gestreift. Es galt nun den Blick zu wenden und ihn neu auszurichten. Dafür sprach sich bald darauf auch die Schwarze Schriftstellerin Toni Morrison aus. Die Nobelpreisträgerin skizzierte am Ende ihres Essays »Playing in the Dark« das Ziel ihrer künstlerisch-wissenschaftlichen Arbeit: »Mein Projekt ist ein Bemühen darum, den kritischen Blick vom rassischen Objekt zum rassischen Subjekt zu wenden; von den Beschriebenen und Imaginierten zu den Beschreibenden und Imaginierenden; von den Dienenden zu den Bedienten.«[26]

Dieser Wechsel der Perspektive erwies sich als überaus folgenreich. Er charakterisierte nicht allein einen Großteil jener Arbeiten, die nun innerhalb des weißen Feminismus entstanden. Er führte auch dazu, dass deren Vertreterinnen immer häufiger auf den Begriff des Privilegs zurückgriffen. Deutlich wird dies in einem der ersten Beiträge, der sich intensiver mit der Frage des »Weißseins« beschäftigte. Als Marilyn Frye im Herbst 1981 vom »Women's Studies Programm« der Cornell University zu einem Vortrag eingeladen wurde, wählte sie als Titel: »On Being White«. Schon der Untertitel machte eine markante Verschiebung der Perspektive deutlich: »Thinking Toward a

Feminist Understanding of Race and Race Supremacy«.[27] Die Eröffnung ihres Vortrags war gleich in zweifacher Hinsicht bemerkenswert. Zunächst gestand die Philosophin, dass die Zuwendung weißer Feministinnen zu diesem Themenbereich durchaus nicht einem freischwebenden Erkenntnisinteresse geschuldet sei. Sie seien vielmehr von ihren Schwarzen Kolleginnen und von Women of Color dazu genötigt worden. Diese hätten darauf gedrungen, endlich auch über Rassismus in der feministischen Community zu sprechen.

Sodann stellt sie heraus, dass damit ein kategorialer Unterschied bei der Diskussion um Rassismus markiert sei: Weiße Frauen (und Männer) könnten sich dieser Debatte jederzeit entziehen. Sie seinen frei in ihrer Entscheidung, sich mit rassistischer Diskriminierung und Unterdrückung zu beschäftigen. Weiß zu sein bedeute daher, sich mit Rassismus befassen zu *können*, aber eben nicht zu *müssen*. Rassismus werde von weißen Frauen und Männern nicht als Unterdrückungssystem erlebt, das den eigenen Alltag prägt und die persönlichen Lebensumstände. Er betreffe immer *andere* – Schwarze, Hispanics oder etwa Native Americans. Weiß zu sein bedeute somit, ein (vermeintlich) »neutrales« und »unmarkiertes Leben« zu leben.[28]

Innerhalb dieser radikalisierten Selbstbefragung US-amerikanischer weißer Feministinnen wird der Begriff des Privilegs nun zu einem unverzichtbaren Erkenntnisinstrument und zur zentralen Vokabel. Autorinnen wie die bereits erwähnten Marilyn Frye und Peggy McIntosh, aber auch die feministische Politikwissenschaftlerin Ruth Frankenberg[29] versuchen Rechenschaft abzulegen über die Position, die sie als weiße, akademisch ausgebildete Frauen in einer Gesellschaft einnehmen, die von der krassen Ungleichverteilung von Ressourcen und Lebenschancen geprägt ist. Um nun genauer zu verstehen, in welcher Weise sie von den herrschenden Verhältnissen begünstigt werden – von asymmetrischen Sozialbeziehungen und materiellen Ungleichheiten, von ideologischen Konstrukten und machtvollen Narrativen –, griffen sie auf den Begriff des Privilegs zurück. Und verhalfen ihm damit zu einer Konjunktur im Bereich der Sozialkritik und des Aktivismus.

White Privilege

Wichtige Stichworte hatte schon Marylin Frye in dem erwähnten Text »On Being White« geliefert. In einer von Rassismus geprägten Gesellschaft wie den USA existiere ein »race privilege«[30]: Werde man als »weiß« wahrgenommen, sei das mit einer Vielzahl von Vergünstigungen und Vorteilen verbunden. Als »weiße« Person verfüge man über Freiheiten und Möglichkeiten, die anderen Personengruppen nicht in vergleichbarer Weise offenstünden. Das beginne schon damit, dass sich eine »weiße« Person im strengen Sinne häufig gar nicht als »weiße« Person erlebe, sondern als neutral und unmarkiert. Sie wähne sich, wie schon angedeutet, jenen gesellschaftlichen Verteilungskämpfen, die sich an der Hautfarbe entzünden und von rassistischen Ideologien befeuert werden, auf eigentümliche Weise enthoben. Indem »race privilege« die Quellen der Bevorteilung gleichsam »abschatte«, vermittelte es »weißen« Personen, dass sie die dominante Position, die sie innehaben, zu Recht bekleiden. Das »race privilege« entpuppt sich daher, bei näherem Hinsehen, als ein »white privilege«. Wer auf diese Weise wahrgenommen wird, ist ein Teil dessen, was Frye »white supremacy« nennt. Damit wird eine Form der Vorherrschaft und Dominanz bezeichnet, die sich über Jahrhunderte hinweg ausgebildet hat und bis zu den Anfängen der Sklaverei zurückverfolgen lässt.[31] Der Vorherrschaft »weißer« Menschen ist es geschuldet, dass entlang der »color line« Ressourcen verteilt, Zugänge zu Bildungseinrichtungen und begehrten beruflichen Positionen ermöglicht (oder verhindert) werden oder etwa der Erwerb von Vermögen begünstigt (oder erschwert) wird. Dieses Unterdrückungssystem besitze zwar keinerlei Rückhalt in der Natur, aber es erweise sich als überaus robust.

In ähnlicher Weise trifft dies auch für das Patriarchat zu: So abwegig es wäre, »weiße« Menschen für klüger oder leistungsfähiger als andere zu halten, so abenteuerlich wäre es, Männer für intelligenter und talentierter als Frauen oder Transpersonen zu halten. Gleichwohl erweist sich auch das Patriarchat, allen (queer-)feministischen Interventionen zum Trotz, als ausgesprochen widerstandsfähig. Und so profitieren Männer, die in einer patriarchal geprägten Gesellschaft leben, auch gegenwärtig noch von ihrem sozialen Geschlecht. »Male privilege« bezeichnet also die Vorteile unterschiedlicher Art, von der eine Person profitiert, die in einer patriarchalen Geschlechterordnung als Mann gilt. Und dies, ohne dafür Anerkennung für individuell zurechenbare Leistungen erwerben zu müssen. Die »patriarchale Dividende« wird an Männer ohne Gegenleistung ausgezahlt – allein aufgrund des Umstands, dass sie innerhalb der herrschenden Geschlechterordnung den dominanten Pol besetzen.[32]

Greift man nun das hier entwickelte Instrumentarium auf, lässt sich nicht allein das zentrale Versäumnis des weißen Feminismus begrifflich fassen, es wird nun auch möglich, eingehender über dessen Ursachen nachzudenken.

Ein eklatantes Versäumnis bestand darin, das männliche Privileg zwar schon früh erkannt, aber die weiterführende theoretische Arbeit nicht in Angriff genommen zu haben. Obwohl es doch naheliegend gewesen wäre, über die Verschränkung verschiedener Privilegien nachzudenken, geschah dies, mit Blick auf die Geschichte des weißen Feminismus, doch erst relativ spät. Eine Ursache hierfür könnte darin liegen, dass auch dessen Protagonistinnen, denen wir bestechende Analysen patriarchaler Strukturen verdanken, die Ideologie der »white supremacy« so sehr verinnerlicht hatten, dass sie das nicht zu sehen vermochten, was doch mit Händen zu greifen war. Es mag hinzukommen, dass manche auch um das feministische Projekt fürchteten, wenn die (vermeintlich) klare Frontstellung verloren ginge und das Feld der Akteure unübersichtlicher würde. Die Oppositionsbildung, die sich der Unterscheidung in Männer und Frauen verdankte, hätte fraglos etwas von ihrer Eindeutigkeit eingebüßt. Weiße Feministinnen besaßen zwar innerhalb des Patriarchats einen untergeordneten Status, zählten aber im US-amerikanischen System des Rassismus zur dominanten Gruppe. Diese Überschneidung war augenscheinlich nicht sonderlich attraktiv, um sie zum Ausgangspunkt der Theoriebildung und des Aktivismus zu machen.

Umso wichtiger waren Beiträge wie der von Marilyn Frye. Ihren Vortrag beschloss die feministische Philosophin mit einer bemerkenswert kämpferischen Note. Die Mitgliedschaft im Club der Weißen sei durchaus nicht schicksalhaft, und auch wenn rassistische Diskriminierung in den Vereinigen Staaten tief verankert sei, bedeute dies doch keineswegs, dass sie nicht bekämpft und *in the long run* überwunden werden könnte. Weder sei »white supremacy« ein Naturgesetz noch die individuelle Komplizenschaft. Mit demselben Nachdruck, mit dem sie und ihre feministischen Weggefährtinnen Männer in der Vergangenheit aufgefordert hätten, ihre privilegierte Position endlich aufzugeben, müssten sie nun in Angriff nehmen, jene Privilegien preiszugeben, die sie allein der Tatsache verdanken, dass sie in einer rassistischen Gesellschaft als »weiß« gelten: »I can set myself against Whiteness: I can give myself the injunction to stop being White.«[33]

Auch wenn nun Peggy McIntosh in jenem Text, der sie weit über die akademischen Kreise hinaus bekannt machen sollte, nicht *expressiv verbis* von Komplizenschaft spricht, steht diese doch im Zentrum ihres Beitrags. Die feministische Sozialwissenschaftlerin hatte nur wenige Jahre, nachdem der Artikel von Marilyn Frye erschienen war, bei der »Virginia Women's Studies Association Conference« in Richmond ein kurzes

Papier vorgestellt, das seither millionenfach gelesen wurde. McIntosh erwähnt in ihrem Artikel ausdrücklich das Statement des Combahee River Collective und führt die Überlegungen weiter, die Frye in »On Being White« entfaltet hatte. Dabei weist sie »White Privilege and Male Privilege«[34] ausdrücklich als das Ergebnis einer eingehenden Selbstbefragung aus. Ausgehend von der Erfahrung, dass selbst kluge, sensible und sympathische Kollegen mit Unverständnis reagieren, sobald sie auf männliche Dominanz angesprochen werden – und etwa bei der Lehrplanung die Aufnahme feministischer Texte verweigerten –, fragte sie sich, was es ihr so schwer gemacht habe, sich selbst als Teil einer weißen Dominanzkultur zu begreifen.

Ein unsichtbarer Rucksack

Seine Popularität verdankt Peggy McIntoshs Text wohl nicht zuletzt der Metapher, die sie prägte, um den besonderen Charakter des »white privilege« zu veranschaulichen. Gleich zu Beginn ihres Beitrags führte sie hierzu aus:

> »Ich bin dazu gekommen, das weiße Privileg als ein unsichtbares Paket unverdienter Vermögenswerte zu sehen, auf die ich zählen und die ich jeden Tag einlösen kann, denen gegenüber ich aber blind sein sollte. Das weiße Privileg ist wie ein unsichtbarer, schwereloser Rucksack mit speziellen Vorräten, Versicherungen, Werkzeugen, Landkarten, Reiseführern, Wörterbüchern, Pässen, Visa, Kleidung, Kompass, einer Notfallausrüstung und Blankoschecks.«[35]

Eine Pointe dieser Metapher besteht nun darin, auf überzeugende Weise ins Bild zu setzen, wie die Blindheit für jene Privilegien zu erklären ist, von denen eine Person in ihrer Lebensführung profitiert. Weil jeder handelsübliche Rucksack auf dem Rücken getragen wird, ist er unseren Blick entzogen. Selbst wenn wir uns umdrehen, um in Erfahrung bringen zu wollen, was sich in unserem Rücken zuträgt, bleibt er unsichtbar – fest verzurrt, folgt er unseren Körperbewegungen. Lässt man sich nun auf die Metapher des »unsichtbaren Rucksacks« ein, führt dies zu einem Perspektivenwechsel: Zu erklären ist dann nicht länger, weshalb privilegierte Personen für jene unberechtigten Vorteile blind sind, die sie allein deshalb genießen, weil sie den etablierten Normalitätsvorstellungen – weiß, männlich, heterosexuell usw. – entsprechen; dieser Umstand müsste nun eher als die Regel gelten als der erwartbare Normalfall. Es stellt dann eher eine erklärungsbedürftige Ausnahme dar, wenn sich eine Person der Privilegien, die sie aufgrund bestimmter Merkmale erhält, bewusst ist.

Ebenfalls erhellend ist eine weitere Facette der gewählten Metapher: Der Inhalt des Rucksacks, der seinem Träger mutmaßlich Sicherheit und Gelassenheit vermittelt, beschränkt sich nicht auf ein, zwei Objekte. Es ist ein Set von Gegenständen, das es seinem Eigentümer ermöglicht, selbst in komplizierten Lebenslagen, die andere verzweifeln lassen, noch elegante Lösungen zu finden. Folgt man der Metapher, kommt hinzu, dass diese Trümpfe in der Regel gar nicht ausgespielt werden müssen. Jenen, die über sie verfügen, scheint die Gewissheit, dass sie ihre Ziele erreichen, zur zweiten Natur geworden zu sein. Dass sie im Besitz von Dokumenten sind, die ihnen Zugang zu materiellen Ressourcen ermöglichen, sie mit unveräußerlichen Rechten ausstatten und vielfältige Formen der Unterstützung sichern, scheinen sie längst vergessen zu haben. Umso mehr profitieren sie davon, dass sie frei sind von der Angestrengtheit derer, die sich ihre gesellschaftliche Position erst mühsam erkämpfen mussten.[36]

Wirft man einen letzten Blick in den Rucksack und versucht die Effekte abzuschätzen, die von dem Zusammenspiel der einzelnen Gegenstände freigesetzt werden, wird das Augenmerk auf ein weiteres Merkmal von Privilegien *sensu* McIntosh gelenkt. Obwohl manche Dokumente personalisiert sind – wie etwa ein Pass oder ein Visum –, verdanken sich die Berechtigungen, die sich daraus ergeben, zumeist institutionalisierten Übereinkünften. So gehen etwa Einreisebestimmungen oder Kreditvolumina auf gesetzliche Regelungen zurück. Der Besitzer des unsichtbaren Rucksacks ist daher in vielen Fällen der Anstrengungen enthoben, seine Rechte persönlich einklagen zu müssen. Er kann sie einfach in Anspruch nehmen, weil sie gesetzlich verankert sind. Unser fiktiver Rucksackträger muss daher zumeist gar nicht um die Anerkennung seiner Ansprüche kämpfen: Mit sparsamen Gesten bedankt er sich bei dem zuvorkommenden Personal etwa von Behörden oder Banken, die gerne großzügig Vertrauen vorschießen, sobald sie einer Respektabilität ausstrahlenden Person begegnen.

Dies sind die Hintergrundannahmen, als sich Peggy McIntosh auf Spurensuche begibt und in ihrem kurzen, aber ungemein instruktiven Text davon Zeugnis ablegt. Statt sich noch länger über Männer zu ärgern, die keinerlei Anstalten machten, zu ihren Privilegien ein kritisches Verhältnis zu entwickeln, nahm sie ihren eigenen Alltag in den Blick und identifizierte hier unterschiedliche Bereiche, in denen sie von der vermeintlich harmlosen Tatsache profitierte, dass sie hellhäutig ist und in den Vereinigen Staaten als »weiß« gilt. Ihre Bekanntheit verdankt McInthosh vor allem jener fast dreiseitigen Liste, die sie dabei erstellte und in den Artikel aufnahm. Diese enthält nicht weniger als 46 Punkte und deckt eine Vielzahl von Lebensbereichen ab.

Die Gründungsurkunde

McIntohs Privilegienliste machte Furore. Schnell fand das Papier seinen Weg auch in die außerakademische Öffentlichkeit. Publiziert wurde es 1989 zunächst im Magazin *Peace and Freedom*, und zwar unter einem Titel, der die zentrale Metapher aufgriff: »White Privilege: Unpacking the Invisible Knappsack«. Seither ist nicht nur der Text immer wieder neu und in leicht veränderter Fassung publiziert worden; auch die Liste wurde in den unterschiedlichsten sozialen Kontexten diskutiert – in feministischen Kreisen, innerhalb der Friedensbewegung, aber auch in pädagogischen Kontexten und innerhalb der *scientific community*. Überdies hat die Liste zum »white privilege« die Arbeit an thematisch verwandten Aufstellungen inspiriert.

Die weiße feministische Theologin Eske Wollrad hat eine Auswahl aus McIntoshs Liste getroffen. Sie beschließt ihr Buch *Weißsein im Widerspruch* mit immerhin noch 23 Punkten, die sie ins Deutsche übersetzt hat. Nummer 20 ist zusätzlich aufgenommen und lässt erkennen, dass es Wollrad offenkundig daran gelegen ist, die deutschsprachigen Leser:innen direkt zu adressieren.

1. Wenn ich will, kann ich es arrangieren, die meiste Zeit in Gesellschaft von Menschen meiner Hautfarbe zu verbringen.
2. Wenn ich in eine neue Wohnung ziehe, kann ich ziemlich sicher sein, dass sich meine neuen Nachbarn freundlich oder neutral mir gegenüber verhalten.
3. Ich kann einkaufen gehen, ohne dass der Kaufhausdetektiv mir misstrauisch folgt.
4. Ich kann den Fernseher einschalten oder die Zeitung aufschlagen und Menschen meiner Hautfarbe überall repräsentiert sehen.

5. Wenn es um die Geschichte meines Landes und um ›Zivilisation‹ geht, wird mir gesagt, dass es Menschen meiner Hautfarbe waren, die es zu dem gemacht hat, was es ist.
6. Ich kann sicher sein, dass meine Kinder/Nichten/Neffen usw. Unterrichtsmaterialien erhalten, die auf ihre Erfahrungen und Kultur Bezug nehmen.
7. Ich kann davon ausgehen, dass meine Stimme in einer Gruppe ernst genommen wird, in der ich die einzige Person mit anderer Hautfarbe bin.
8. Ich kann sicher sein, dass es in jedem Friseursalon MitarbeiterInnen gibt, die mein Haar frisieren können.
9. Wenn ich Schecks, Kreditkarten oder Bargeld verwende, kann ich mich darauf verlassen, dass meine Hautfarbe dem Anschein finanzieller Vertrauenswürdigkeit nicht entgegensteht.
10. Ich muss meine Kinder/Nichten/Neffen usw. nicht dazu erziehen, sich des strukturellen Rassismus bewusst zu sein, um sie zu schützen.
11. Ich kann mit vollem Mund sprechen, ohne dass jemand behauptet, das sei typisch für Leute meiner Hautfarbe.
12. Ich kann fluchen, Second-Hand-Kleidung tragen und Briefe nicht beantworten, ohne dass andere diese Entscheidungen auf die schlechte Moral, die Armut oder das Analphabetentum meiner ›rassischen‹ Gruppe zurückführen.
13. Ich kann mich in einer schwierigen Situation bewähren, ohne dass mir gesagt wird, ich sei eine ›Zierde meiner Rasse‹.
14. Ich werde nie aufgefordert, für alle Menschen meiner Hautfarbe zu sprechen.
15. Ich kann die Sprachen und Traditionen von Schwarzen Menschen, die weltweit die Mehrheit darstellen, ignorieren, ohne dass meine Kultur das bestraft.

16. Wenn ich verlange, mit einem/einer Vorgesetzten zu sprechen, kann ich ziemlich sicher sein, dass es eine Person mit meiner Hautfarbe ist.
17. Ich habe die Wahl, mich mit Rassismus auseinanderzusetzen oder auch nicht.
18. Ich kann Rassismus kritisieren, ohne dass ich als eigennützig oder egoistisch betrachtet werde.
19. In meiner Religion haben alle abgebildeten zentralen Gestalten ungefähr meine Hautfarbe.
20. Wenn ich Leute neu kennen lerne, wundert sich niemand über meine Deutschkenntnisse.
21. Ich kann ohne Schwierigkeiten Seminare und Diskussionsgruppen finden, die sich ausschließlich mit den Belangen von Menschen meiner Hautfarbe beschäftigen.
22. Wenn ich von Polizeibediensteten auf der Straße angehalten werde, kann ich sicher sein, dass meine Hautfarbe nicht der Grund ist.
23. Wenn ich Make-up mit der Bezeichnung ›naturell‹ kaufe oder Pflaster, kann ich sicher sein, dass es mehr oder minder meiner Hautfarbe entspricht.[37]

Die Arbeit an dieser Liste war, das gibt ihre Verfasserin rückblickend zu erkennen, durchaus kein Vergnügen. In dem bereits erwähnten Interview erzählt Peggy McIntosh, dass sie seinerzeit von ihrem Mann gefragt worden sei, woran sie denn zu vorgerückter Stunde noch arbeite. Abends, nachdem die Dienstgeschäfte erledigt waren, zog sie sich zurück und arbeitete an dieser Liste. Ihrem Mann entgegnete sie damals: »Ich habe Dinge aufgeschrieben, die ich nicht wissen will.«[38] Sie versuchte also genau das aufzudecken, was sie im Alltag erfolgreich verdrängt hatte – mithin jene Begebenheiten, bei denen sie anderen Personen gegenüber einen Vorteil genoss, einfach deshalb weil sie als »weiße« US-Amerikanerin gilt.

Schon bei einem ersten Überfliegen wird deutlich, dass die Liste keiner strengen Logik folgt. Sie verdankt sich ihren persönlichen Beobachtungen. Genauer: Sie geht hervor aus einer gesteigerten Selbstbeobachtung. Oder noch einmal anders gewendet: Mitte der 1970er Jahre nimmt eine weiße Feministin, die als Hochschullehrerin an einem renommierten College der Ostküste tätig ist, den eigenen Alltag unter die Lupe, versucht zu verstehen, in welchen Situationen sie von ihrer Hellhäutigkeit profitiert – und gibt dies zu Protokoll. Dabei deckt sie Sachverhalte auf, die wohl auch den meisten ihrer Leser:innen entgangen waren. Wer hätte zuvor den Blick so furchtlos auf alltägliche Begebenheiten gelenkt, in denen eine Gruppe von Personen davon profitiert, dass sie exakt das verkörpert, was in der fraglichen Zeit als »normal«, »vernünftig«, »legitim« und »wünschenswert« gilt? Und wer wäre dabei so weit gegangen, sich nicht nur für das Regime von Blicken in Supermärkten zu interessieren oder für Loyalitätsbeziehungen in Arbeitskontexten, sondern auch für die Logik der Missbilligung bei individuellem Fehlverhalten oder etwa die Bezeichnung eines blassrosa Heftpflasters, das auch hierzulande noch immer als »hautfarben« gilt?[39]

Dieser Versuch, die eigene Lebensführung machtkritisch zu reflektieren, bahnt bereits den Weg für Diskussionen, die wir seit einigen Jahren unter dem Label »Mikroaggressionen« führen.[40] Nicht nur das Sensorium für Praktiken der Ausgrenzung, der Herabwürdigung und der Verletzung wird immer feiner; mit ihm steigt augenscheinlich auch die Bereitschaft, solche Formen des Fehlverhaltens laut und vernehmbar zu benennen. Gerade weil nun McIntoshs Liste häufig in diesem Kontext herangezogen wird, ist es umso wichtiger, an einige Differenzierungen zu erinnern, welche die Verfasserin seinerzeit vorschlug. Obwohl McIntosh bereitwillig einräumt, dass der Begriff des »white privilege« nur schwer einzugrenzen sei, trägt sie mit ihren Ausführungen doch zu dessen Schärfung bei. Zunächst nimmt sie die 46 Punkte in vergleichender Hinsicht in Blick und interessiert sich für solche Merkmale, die es erlauben, einzelne Gruppierungen vorzunehmen. Schon dies ist überaus erhellend.

Eingangs verweist McIntosh auf einzelne Umstände, in deren Genuss grundsätzlich alle Menschen kommen sollten – etwa das Finden einer wohlgesonnenen, mindestens aber indifferenten Nachbarschaft bei der Suche nach bezahlbarem Wohnraum oder etwa die Gewissheit, dass die eigene Hautfarbe bei der Rechtsprechung irrelevant ist. Eine zweite Gruppe betrifft Fragen der Repräsentation. Die damit angesprochenen Phänomene lassen sich nicht in vergleichbarer Weise distribuieren: Die Erwartung, dass in Museen, Schulbüchern und Leitmedien die Erfahrungswelten jener Personengruppe in besonderer Weise berücksichtigt werden, welche dieselbe Hautfarbe wie man selbst besitzen, können sinnvollerweise nur Mitglieder der dominierenden Fraktion hegen. Weil es sich hier um eine klassische Form der Bevorzugung handelt, die auf Kosten anderer geht, kann diese nicht verallgemeinert werden. Als dritte Gruppe stellt McIntosh solche Privilegien heraus, die es einer Person erlauben, sich gegenüber Mitgliedern marginalisierter Gruppen auf inakzeptable Weise zu benehmen, ohne damit rechnen zu müssen, dass dies sanktioniert wird. Wer das »white privilege« genießt, kann gegen moralische Standards verstoßen, Gebote der Fairness wie auch die Spielregeln des zivilisierten Umgangs grob missachten – und doch darauf vertrauen, hierfür ungleich seltener zur Rechenschaft gezogen zu werden.

Ein vergiftetes Geschenk

Berücksichtigt man nun diese Typologie, wird der fingierte Träger des unsichtbaren und schwerelosen Rucksacks in ein neues Licht getaucht. Was zunächst womöglich als erstrebenswertes Objekt erschien, erweist sich nun als ein vergiftetes Geschenk. Ohne in ihrem Papier den Schwarzen Schriftsteller und Aktivisten James Baldwin zu erwähnen, lenkte McIntosh damit doch das Augenmerk auf einen Sachverhalt, den dieser Anfang der 1960er Jahre in einem berühmten Essay behandelt hatte. In »The Fire next Time«[41] problematisierte Baldwin mit Blick auf die Sklaverei die geläufige Unterscheidung in Täter und Opfer und zeigte auf bezwingende Weise, dass Schwarze zwar zu Opfern von Gewaltexzessen wurden; moralisch diskreditiert wurden dadurch allerdings die Sklavenhalter. Obwohl sie – in ökonomischer Hinsicht – die Profiteure eines ausbeuterischen und rassistischen Systems waren, bezahlten sie hierfür einen denkbar hohen Preis. Indem sie den Sklav:innen alle Formen der Anteilnahme verweigerten und die Gebote der Mitmenschlichkeit mit Füßen traten, verrieten sie sämtliche zivilisatorischen Errungenschaften und machten sich schuldig. Und das auch unabhängig davon, dass dies erst vergleichsweise spät justiziabel wurde.

Eben dies, so McIntosh, lasse sich auch bei Privilegieninhaber:innen beobachten: Jene, die im Besitz des »white privilege« seien, profitierten davon zwar auf vielfältige Weise. Aber diese Bevorzugung fordere ihren Tribut. Wer dieses Privileg genieße, werde davon früher oder später beschädigt. So führe etwa der Freibrief, der ihnen im Umgang mit Personen ausgestellt werde, die ohnehin schon damit rechnen müssen, zum Opfer von Ressentiments zu werden, bei vielen augenscheinlich dazu, die moralischen Ansprüche an das eigene Verhalten herabzusetzen. Ohne damit die Unterscheidung in Täter und Opfer aufweichen zu wollen, warb McIntosh somit dafür, die Erteilung von Privilegien in ihrer ganzen Ambivalenz in den Blick zu nehmen.[42]

McIntosh griff überdies die Anregung einer Kollegin auf, die auf deren begrenzte Reichweite verwiesen und vorgeschlagen hatte, sie um solche Vorteile zu ergänzen, mit denen jene rechnen können, die heterosexuell sind. Weil diese Form der

Privilegierung womöglich noch stärker tabuisiert sei, erstellte McIntosh eine zusätzliche Liste mit acht Situationen und nahm diese ebenfalls in ihr Papier auf. Auch diese Aufstellung illustriert an alltäglichen Begebenheiten eine spezifische Form der Vorteilsnahme. Wer der heteronormativen Geschlechterordnung entspreche, profitiere davon nicht nur in der Arbeitswelt oder auf Reisen; er oder sie könne auch darauf vertrauen, dass den eigenen Kindern in den Unterrichtsmaterialen das ihnen bekannte Familienmodell begegne und als etablierte Norm präsentiert werde.

Ohnedies ließen sich Privilegien nur schwer voneinander abgrenzen: Auch wenn Rassismus, Sexismus und Heteronormativität für unterschiedliche Formen der Unterdrückung verantwortlich seien, sei doch kaum zu übersehen, dass es bei der Zuteilung von »unearned advantage«[43] – also dem unverdienten Vorteil – häufig zu Verkopplungen komme. Die repressiven Systeme griffen ineinander, wie das schon das Combahee River Collective herausgestellt habe, und müssten daher in ihrem komplizierten Zusammenspiel untersucht werden. Erst dann könnten die gesellschaftlich robust verankerten und individuell inkorporierten Systeme der Begünstigung in ihrer eigentümlichen Logik entschlüsselt werden.

Anspruchsvoll sei dieses Unternehmen gleich aus zwei Gründen. Zunächst sei es notwendig, sich bei der Kritik der gesellschaftlichen Verhältnisse von unterkomplexen Problemfassungen zu lösen. Dass sie selbst sich lange Zeit nicht vorstellen konnte, in ihrer akademischen Karriere vom Leid Schwarzer und People of Color profitiert zu haben, sei wohl auch der Tatsache geschuldet, dass sie Rassismus in der Vergangenheit stets handlungstheoretisch begriffen habe. Rassismus spiegele sich, so die Annahme, mit der sie aufgewachsen war, stets in diskriminierenden Handlungen wider. Er zeige sich daher an entsprechenden Motiven und Intentionen Einzelner. Erst als es ihr gelungen sei, sich von dieser individualisierenden Engführung zu lösen, vermochte sie auch dessen strukturelle Dimension wahrzunehmen.

Damit liefert Peggy McIntosh zugleich eine neue Antwort auf die eingangs aufgeworfene Frage danach, warum das »white privilege« auch von weißen Feministinnen erst so spät erkannt wurde: Geschult darin, gesellschaftliche Phänomene über individuelle Handlungen zu erklären, wähnten sie sich unbeteiligt, wann immer das Gespräch auf Rassismus kam. Die weißen Feministinnen versicherten zwar den Betroffenen ihr Mitgefühl, vermochten jedoch keinerlei persönliche Verantwortung zu erkennen.

Der Übernahme von Verantwortung steht freilich noch ein weiterer Umstand entgegen. In den Vereinigten Staaten, deren hegemoniale Narrative das Individuum feiern und Erfolg fast ausschließlich über Talent, Einsatz und Leistungsbereitschaft erklären, wird es nicht sonderlich geschätzt, diesen Mythos anzuzweifeln. Wer den gesellschaftlichen Aufstieg geschafft hat, darf sich dies selbst zurechnen; er muss dabei keine anderen Akteure berücksichtigen. Diese Variante der Zurechnung ist zwar – erstaunlich genug – über alle Klassen hinweg noch immer überaus populär,[44] aber eben nicht nur hochgradig unterkomplex; sie führt überdies zu einer problematischen Einfärbung der Selbstwahrnehmung. Der bereits erwähnte Philosoph Michael J. Sandel hat die fatalen Folgen dieser Praxis der Selbstzurechnung in seinem jüngsten Buch präzise herausgearbeitet:

> »Die meritokratische Überheblichkeit spiegelt die Neigung der Gewinner wider, ihren Erfolg zu tief in sich einzusaugen und das Glück und die günstigen Umstände zu vergessen, die ihnen auf ihrem Weg geholfen haben. Es ist die selbstgefällige Überzeugung derer, die an der Spitze landen, dass sie ihr Schicksal verdient haben, und dass diejenigen, die unten sind, ihres ebenfalls verdienen.«[45]

Mit dem »white privilege« zu rechnen, kam daher einer beträchtlichen Kränkung gleich: Es verstieß nicht nur gegen das amerikanische Selbstverständnis, es setzte auch die eigenen Leistungen herab. Freimütig erklärt McIntosh im Interview: »Nun, wir hassen es, unser Selbstbild in der Leistungsgesellschaft beschädigt zu sehen. Es hat weißen Menschen immer sehr gedient, dieses Narrativ zu bedienen: Wir haben das alles selbst geschafft, uns hat niemand etwas geschenkt.«[46]

Sie beschließt ihr kurzes Papier mit einer Bemerkung, die nicht minder vorausschauend ist und der in aktuellen Debatten über Privilegien mehr Aufmerksamkeit geschenkt werden müsste. Im Wissen darum, dass die Rede von »white privilege« und »male privilege« den meritokratischen Mythos zerstört, streicht sie heraus, dass diese schmerzhafte Lektion auch bei der Bekämpfung des Privilegiensystems berücksichtigt werden müsse. Wenn sich Sexismus und Rassismus über die Motivlagen Einzelner nur unzureichend erklären ließen, gelte das auch für die Suche nach Möglichkeiten, diese Unterdrückungssysteme zu überwinden. Um es im Rückgriff auf eine in der Philosophie gängige Unterscheidung zu sagen: Es ist zwar *notwendig*, die Handlungen von Einzelpersonen in den Blick zu nehmen, aber eben nicht *hinreichend*. Privilegien lassen sich durch Bewusstseinsbildung und veränderte Haltungen allein nicht überwinden. Diese sind fraglos erstrebenswert, aber nicht ausreichend, um jene Strukturen zu überwinden, welche verhindern, dass Menschen unabhängig von Hautfarbe, Geschlecht, sexueller Orientierung oder etwa religiöser Überzeugung gleich behandelt werden. Individuelle Handlungen könnten das Problem nur lindern, aber eben nicht lösen. Zu diesem Zweck müssten wir, so McInthosh, die Gesellschaft neu denken, sie einem »redesign«[47] unterwerfen.

Ich habe den Text von Peggy McIntosh hier nicht deshalb so ausführlich diskutiert, weil er die Ergebnisse jahrelanger Forschungsarbeiten präsentiert. Der Essay verdankt sich, wie bereits erwähnt, größtenteils persönlichen Beobachtungen. Wichtiger als die Antworten, die er gibt, sind die Fragen, die er aufwirft – und die auch heute, 35 Jahre nach seinem Erscheinen, wenig von ihrer Brisanz eingebüßt haben. Die Privilegienkritik, wie sie gegenwärtig betrieben wird, ist ohne diesen Text, der im Grenzgebiet zwischen wissenschaftlicher Reflexion und aktivistischem Statement angesiedelt ist, kaum zu denken. Der Verfasserin war es mit ihrem Beitrag nicht nur gelungen, für das Zusammenspiel von Privilegien zu sensibilisieren; mit der Auflistung von 46 Begebenheiten, welche die Begünstigung von Menschen illustrieren, die in den Vereinigen Staaten als »weiß« gelten, provozierte sie überdies Wissenschaftler:innen wie auch Aktivist:innen zu einer radikalisierten Form der Selbstbeobachtung.

Fraglos wurde die Dezentrierung des Erkenntnissubjekts nicht nur von Vertreter:innen der feministischen Erkenntniskritik betrieben, aber Peggy McIntosh und ihre Mitstreiterinnen haben doch maßgeblich dazu beigetragen, dass seither ungleich intensiver diskutiert wird, wer von wo aus was zu sehen vermag, wer von welcher Position aus spricht und wer wessen Anliegen zu artikulieren behauptet. In der Folge hat auch die Rede in der 1. Person Plural ihre Unschuld eingebüßt. Der Vorwurf, den Schwarze Feministinnen an die Adresse ihrer weißen Weggefährtinnen gerichtet hatten – Blindheit für die Differenzen unter Frauen, kombiniert mit der Neigung, die eigenen Interessen zu verallgemeinern –, blieb nicht folgenlos. Er war mitverantwortlich für eine Reihe von Reaktionen weißer Feministinnen, die nun damit begannen, ihre Privilegien näher in Augenschein zu nehmen und diese Beobachtungen zum Einsatzpunkt wissenschaftlicher Reflexion zu machen.[48]

Weißsein als Forschungsgegenstand

Exemplarisch für diesen neuen Stil, feministische Theorie zu betreiben, ist ein Beitrag von Ruth Frankenberg aus dem Jahr 1993. Die weiße Soziologin, die in Wales aufwuchs und während des Studiums in die USA übersiedelte, beginnt ihren Artikel »Weiße Frauen, Feminismus und die Herausforderung des Antirassismus« wie folgt:

> »In diesem Artikel gehe ich von der Erkenntnis aus, daß die Beiträge weißer Frauen zur feministischen Theorie und Praxis durch jene privilegierten oder dominanten Positionen geformt und beschränkt sind, die sie in den von Rassismus und Kolonialismus geprägten nationalen und globalen Beziehungen einnehmen.«[49]

Wollten diese einen ernsthaften Beitrag zur »Durchsetzung der Gleichheit aller Menschen« leisten, müssten sie zunächst ihre eigene gesellschaftliche Position machtkritisch in den Blick nehmen. Und sich mit Fragen der folgenden Art befassen:

- Wie prägen Rassenprivilegien / rassistische Dominanz das Leben weißer Frauen?
- Welche Prozesse bringen weiße Frauen als gesellschaftlich Handelnde dazu, Rassismus in der feministischen Theorie und Praxis zu reproduzieren?
- Inwiefern kann unsere Arbeit größere Wirksamkeit erlangen, sobald wir das Zusammenspiel von Privilegien und Unterdrückung im Leben weißer Frauen durchschauen?«[50]

Mindestens so wichtig wie diese Verpflichtung auf ein antirassistisches Forschungsethos ist für die Weiterentwicklung der Privilegienkritik Frankenbergs Versuch, diejenige Kategorie näher zu bestimmen, die von McIntosh nur gestreift worden war. Diese hatte zwar wiederholt vom »white privilege« gesprochen, aber auch eingeräumt, dass sie eine präzise begriffliche Fassung von »Whiteness« noch nicht liefern könne. Frankenberg lieferte hierfür wichtige Stichworte – und reicherte dadurch die Debatte um Privilegien mit Komplexität an.

Nachdem auch Frankenberg eingangs herausstellt, dass Herrschaftssysteme alle Beteiligten in Mitleidenschaft ziehen – Verlierer wie Gewinner, Unterdrückte wie Unterdrücker –, unternimmt sie die nähere Bestimmung dessen, was sie »Weißsein« nennt. Dabei zeigt sich schon bald, dass dieser Terminus nicht ohne Tücke ist. Und dies deshalb, weil Frankenberg Weißsein strikt *relational* fasst. Weißsein bezeichnet demnach keine natürliche Eigenschaft, kein streng definiertes Set von Merkmalen. Es bildet nichts ab, was sich in der Welt des Sozialen in seiner Rohform aufspüren und dann beobachten ließe. Weißsein gleicht vielmehr – um es mit einer Anleihe aus der Mathematik zu sagen – einer Unbekannten in einer mehrstelligen Gleichung. Von Weißsein lässt sich daher nur sprechen in Bezug auf Schwarzsein und auf andere rassialisierte Identitäten wie etwa Asiatischsein. Wenn also Schwarze und weiße Feminist:innen in ihren Beiträgen von »Weißsein« sprechen, beziehen sie sich auf das Element einer machtvollen symbolischen Ordnung. Bestimmt wird seine Identität nur über Differenzen. Es gibt daher nach Frankenberg so wenig eine Natur des »Weißen« wie es eine Natur des »Schwarzen« gibt. Wir haben es stattdessen mit zwei Elementen einer symbolischen Ordnung zu tun. Diese verdankt ihre Macht der Tatsache, dass sie nicht nur an der Regulierung dessen beteiligt ist, was in einer Gesellschaft zu einem bestimmten Zeitpunkt als gut und sinnvoll, als vernünftig und erstrebenswert bzw. was als schlecht und abwegig, als unvernünftig und verachtenswert gilt, sondern diese Eigenschaften auch bestimmten Personengruppen zuordnet.

Deshalb versehe ich ganz bewusst auf den Seiten dieses

Buches »weiß« mit Anführungszeichen. Wenn ich »Weißsein« an einen historisch-geographisch bestimmbaren Zeitraum rückbinde, kommt darin die Einsicht zum Ausdruck, dass es höchst flexibel ist, was darunter verstanden werden kann. Weißsein ist – auch wenn diese Feststellung zunächst irritieren mag – in keiner Weise definiert; es ist hochgradig kontingent.[51] Was zu einer bestimmten Zeit in einem spezifischen Milieu oder einer sozialen Klasse als »weiß« gilt, ist das Ergebnis von Prozessen, über die Dominanz und Vorherrschaft ausgehandelt wird. Darauf verweist auch Eske Wollrad. In *Weißsein im Widerspruch*[52] ruft die Theologin in Erinnerung, welchen Gruppen von Migrant:innen in den Vereinigten Staaten der Status des Weißseins zunächst verweigert wurde: Als im 19. Jahrhundert viele Menschen Europa verließen und in der »Neuen Welt« ihr Glück suchten, mussten jene, die aus Deutschland, Irland und Italien eingewandert waren, zunächst zur Kenntnis nehmen, dass sie für die Einwanderungsbehörden durchaus nicht als »weiß« galten: »Erst nach und nach gelang es diesen Bevölkerungsgruppen, den Status als Weiße durch die tatkräftige Bejahung weißer Vorherrschaft, das heißt vor allem durch Gewaltausübung gegenüber afrikanischen AmerikanerInnen zu erlangen.«[53] Hellhäutig zu sein, das mussten die verblüfften Neuankömmlinge lernen, war zu jener Zeit nicht gleichbedeutend mit einer Eintrittskarte in den begehrten »Club der Weißen«.

Und so fasst Ruth Frankenberg »Weißsein« als eine »Position struktureller Vorteile in Gesellschaften, die durch rassistische Dominanz geprägt sind«, als einen »Standort, von dem aus das Selbst, die anderen sowie nationale und globale Ordnungssysteme gesehen werden«. Als »Produkt der Geschichte«, das seine Konturen sozialen Konstruktionen verdanke, markiere Weißsein denn auch keinen Ort »absoluter Privilegien; vielmehr wird ›Weißsein‹ von einer Reihe von anderen Achsen relativer Begünstigung oder Benachteiligung durchschnitten«.[54]

Doppeltes Bewusstsein

Blickt man von heute aus zurück auf jene Texte, die ich in diesem Kapitel etwas ausführlicher vorgestellt habe, ist es nicht übertrieben zu sagen, dass ihre Verfasserinnen – Peggy McIntosh, Marylin Frye und Ruth Frankenberger – zu Mitbegründerinnen eines emanzipatorischen Theorieprojekts wurden, ohne dies unbedingt beabsichtigt zu haben. Die *Critical Whiteness Studies*, die sich Mitte der 1980er Jahre herausbildeten, entzündeten sich an der Frage nach dem »Weißsein« und zählen innerhalb der Kritischen Theoriebildung zu den interessantesten Neuerungen. Sie haben zur Weiterentwicklung der Machtkritik beigetragen und seither nicht allein die *Humanities* im angloamerikanischen Raum spürbar verändert; seit etwa 20 Jahren werden sie auch hierzulande rezipiert und strahlen immer stärker auf die Sozial- und Kulturwissenschaften aus. Es wäre allerdings falsch und würde der Marginalisierung Schwarzer Wissenschaftler:innen, Schriftsteller:innen und Aktivist:innen ein weiteres Kapitel hinzufügen, würden deren Beiträge hier nun unterschlagen. Es ist unstrittig, dass wichtige Beiträge zu den *Critical Whiteness Studies* aus der Feder weißer Feministinnen stammten. Aber die *Selbstbeobachtung* weißer Wissenschaftler:innen ist eben nur eine Quelle. Es liegen auch zahlreiche *Fremdbeobachtungen* vor. Diese stammen von Schwarzen und People of Color und reichen ungleich weiter zurück.

W. E. B. Du Bois hatte in seiner bahnbrechenden Studie *The Souls of Black Folk* aus dem Jahr 1903 vielleicht als Erster auf einen Umstand hingewiesen, der Schwarze und People of Color von denjenigen trennt, die in einer von Sklaverei geprägten Gesellschaft als »weiß« gelten. Während sich diese, wie schon mehrfach erwähnt, unbeobachtet wähnen, spüren jene die Blicke der »Weißen« auf ihrer Haut. Von früh auf wissen sie sich beobachtet und beurteilt. Dieser Umstand bleibt ihnen nicht äußerlich; der taxierende und abwertende Blick ergreift von ihnen Besitz, stellt die Selbstbeobachtung auf Dauer und imprägniert diese. Du Bois hat dafür den Begriff des »doppelten Bewusstseins« geprägt. Damit beschreibt er das Gefühl, »sich selbst immer nur durch die Augen anderer wahrzunehmen, der eigenen Seele den Maßstab einer Welt anzulegen, die nur Spott und Mitleid für einen übrig hat.«[55]

Parallel zur Entwicklung dieses »doppelten Bewusstseins« wächst die Einsicht, dass es sich als überlebensnotwendig erweisen kann, die Verhaltensmuster der »Weißen« zu studieren. bell hooks hat den besonderen Aggregatzustand dieses »schwarzen Wissens« treffend beschrieben:

> »Schwarze in den Vereinigten Staaten haben sich niemals als EthnologInnen und/oder EthnographInnen in einer eigenen Institution zusammengefunden, um das Weißsein zu studieren. Doch seit der Zeit der Sklaverei haben sie untereinander in Gesprächen ihr jeweiliges ›Spezielles‹ Wissen über Weißsein ausgetauscht, das sie durch unmittelbares und scharfes Beobachten der Weißen gewonnen haben. [...] Sein Sinn bestand darin, Schwarzen zu helfen, in der weißen herrschenden Gesellschaft den Alltag zu bewältigen und zu überleben.« Und sie fährt fort: »Schwarze Hausangestellte der Weißen brachten als Informantinnen jahrelang Wissen in die segregierten Communities zurück: Einzelheiten, Tatsachen, Beobachtungen und akribische psychologische Betrachtungen über die weißen Anderen.«[56]

Es sind daher Fremd- wie auch Selbstbeobachtungen, aus denen sich die *Critical Whiteness Studies* speisen. Und auch wenn sie sich in den Vereinigten Staaten recht schnell institutionalisieren konnten, haben sie ihren Charakter als ein herrschaftskritisches Theorieprojekt durchaus nicht eingebüßt. Sie bleiben der Rassismuskritik verpflichtet und suchen zur Aufklärung über jene Praktiken beizutragen, durch die asymmetrische Beziehungen legitimiert und abgesichert werden. Sie lenken das Augenmerk insbesondere auf das Erbe der Sklaverei und decken unterschiedliche Formen des »Othering« auf.[57] Die Vertreter:innen der *Critical Whitness Studies* studieren also jene Verfahren, über die »weiß« als maßgebliche Norm etabliert wird, der gegenüber alle anderen gesellschaftlichen Gruppen als minderwertig gelten.

Die Fragen, die dabei aufgeworfen werden, sind in ihrer Reichweite kaum zu überschätzen. Sie rücken nicht nur viele »Meisterdenker« in ein neues Licht, sondern auch jene Narrative, derer sich das westliche Denken über Jahrhunderte hinweg gewiss wähnte. Ferner nötigen sie dazu, solche Formen der Geschichtsschreibung zu überdenken, die bevorzugt auf Entwicklungsmodelle zurückgreifen.[58] Die Befunde, zu denen diese Selbstvergewisserung führt, zwingen schließlich auch dazu, über große Begriffe wie »Aufklärung«, »Moderne« und »Universalismus« neu nachzudenken. Einen wichtigen Anstoß dazu gab die weiße Philosophin Susan Buck-Morss, die im Sommer 2000 einen aufsehenerregenden Artikel publizierte. »Hegel und Haiti«[59] warf die Frage auf, warum der deutsche Philosoph, der über das Zeitgeschehen doch stets bestens informiert war und die Französische Revolution als den »entscheidenden Bruch mit der Vergangenheit«[60] interpretiert hatte, sich nicht den in den Kolonien rebellierenden Sklaven widmete. Der Emanzipationsprozess, den er in der »Phänomenologie des Geistes« virtuos durchgespielt hatte, wurde hier ins Werk gesetzt. Und was tat Hegel? Er trieb seine Aristoteles-Lektüren voran.

Ohne damit nun Hegels philosophisches Werk *in toto* zu verurteilen, kommt Buck-Morss doch nicht umhin festzuhalten: »Dieselben Philosophen, die die Freiheit als den natürlichen Zustand des Menschen betrachteten und sie zu einem unveräußerlichen Menschenrecht erklärten, akzeptierten die millionenfache Ausbeutung der Sklavenarbeiter in den Kolonien der gegebenen Weltordnung.«[61] Das gilt auch für die größten

Namen unter den Aufklärern: David Hume, Voltaire und eben auch Immanuel Kant identifizierten nicht nur verschiedene »Menschenrassen«; sie verwandten auch viel Energie auf den Nachweis der kognitiven, künstlerischen und moralischen Minderwertigkeit von Afrikaner:innen. Und so wurde in den entsprechenden Taxonomien, die stets mit dem Anspruch der Wissenschaftlichkeit auftraten, im 18. Jahrhundert »die Vernunft endgültig weiß gefärbt«.[62]

Mitgliedschaft im »weißen Club«

Dass im deutschsprachigen Raum seit einigen Jahren immer häufiger über Privilegien gesprochen wird und dabei längst nicht mehr nur vom Bildungsprivileg, ist auch der Etablierung der *Critical Whitness Studies* zu verdanken. Hält man sich vor Augen, dass sie innerhalb der Vereinigten Staaten entstanden sind und dort auf eine spezifische Variante »weißer Hegemonie« reagierten, leuchtet unmittelbar ein, dass sie nicht einfach nach Europa »exportiert« werden konnten. Dieses gegenhegemoniale Theorieprojekt musste zunächst »übersetzt« werden: Jene Instrumente, die zur Analyse einer von Sklaverei geprägten Gesellschaft entwickelt worden waren, waren nicht unbedingt tauglich, Unterdrückungsregime im deutschsprachigen Raum zu entschlüsseln.

Dies gilt auch für die Politik: Erst unlängst fand sich im Bundestag eine Mehrheit für den Antrag, dass in Artikel 3, Absatz 3 des Grundgesetzes, der der allgemeinen Gleichbehandlung gewidmet ist, das Wort »Rasse« ersatzlos gestrichen wird. Und auch wenn es kaum einer besonderen Erinnerung bedarf, sei doch ausdrücklich festgehalten, dass das 20. Jahrhundert in aller Brutalität gezeigt hat, dass es in Deutschland nicht nur eine weit zurückreichende »Tradition des Antisemitismus, des Antiziganismus und neuerdings auch des Anti-Islamismus« gibt, sondern auch das, was lange Zeit beschönigend und begrifflich irreführend »Ausländer-« oder »Fremdenfeindlichkeit« genannt wurde.[63] Vielleicht ist nichts besser geeignet, den Kontrast zu politischen Debatten innerhalb der USA zu erhellen, als die Tatsache, dass es hierzulande sehr lange gedauert hat, bis diese Formen gruppenbezogener Menschenfeindlichkeit auch in der Öffentlichkeit als Rassismus bezeichnet wurden.

Die weiße Politikwissenschaftlerin Ina Kerner hat mit präzisem Blick einige jener Schwierigkeiten benannt, die der einfachen Übernahme der *Critical Whiteness Studies* im deutschen Kontext entgegenstanden:

> »Zunächst einmal ist zu konstatieren, dass die Frage, wer in der Bundesrepublik als weiß gilt und wer nicht, anders als in den USA [...] eindeutig *nicht* auf der Hand liegt. Vor allem, wenn der Anspruch erhoben wird, dass Weißsein eine im Kontext von strukturellem Rassismus privilegierte Position beschreibt, wird die Abgrenzungsfrage schwierig. Denn sind dann beispielsweise jüdische Deutsche weiß? Und die Nachfahren einstiger Gastarbeiter/innen aus dem Mittelmeerraum?«[64]

Erschwerend kam hinzu, dass die kritische Selbstbefragung, die viele US-amerikanische weiße Feministinnen in den 1980er Jahren betrieben hatten, hierzulande zeitverzögert einsetzte. Innerhalb der Frauen- und Geschlechterforschung waren die 1990er Jahren zunächst geprägt von den Debatten um eine sozialkonstruktivistische Wende. Als 1991 die deutschsprachige Übersetzung von Judith Butlers Buch *Gender Trouble*[65] erschien, sorgte dies für heftige interne Auseinandersetzungen. Die Dekonstruktion der Unterscheidung von biologischem und sozialem Geschlecht wurde durchaus nicht von allen Beteiligten goutiert: Inspiriert von poststrukturalistischen und psychoanalytischen Ansätzen, hatte Butler sämtliche Kategorien der Geschlechterforschung einer grundlegenden Kritik unterzogen und damit in gewisser Hinsicht jenes Projekt radikalisiert, das Simone de Beauvoir mit dem epochalen Buch *Das andere Geschlecht* begonnen hatte.[66] Daran konnten freilich jene Feministinnen kaum interessiert sein, denen an geteilten Erfahrungen und gemeinsamen Überzeugungen gelegen war. Sie sahen alle »Grundlagen«, die ein gemeinsames Engagement begründen könnten, in Frage gestellt. Es war daher zunächst unklar, ob die Vertreterinnen der deutschsprachigen Geschlechterforschung wie auch des außerakademischen Feminismus bereit sein würden, den »Perspektivenwechsel auf das Subjekt des rassierenden Diskriminierens«[67] nachzuvollziehen und sich von der Praxis zu lösen, Geschlecht als die in jedem Fall entscheidende Kategorie zu betrachten.

Genau dagegen sprach sich Eske Wollrad aus. Mit ihrem Buch *Weißsein im Widerspruch. Feministische Perspektiven auf Rassismus, Kultur und Religion*, das 2005 erschien, suchte sie auf die Gefahr zu reagieren, dass die »Komplexität von miteinander verwobenen Gewaltverhältnissen« trivialisiert wird, sobald Gender als »Metakategorie« verwendet werde. »Weißsein« fasst sie als ein »System rassistischer Hegemonie, eine Position strukturell verankerter Privilegien, einen Modus von Erfahrung, eine spezifische und wandelbare Identität, die zugesprochen, erkämpft und verloren werden kann«.[68] Wollrad warb also für einen Perspektivenwechsel: Von empirischen Befunden ausgehend, dass »Weißsein« verhandelbar ist, interessierte sie sich dafür, wie es erzeugt wird und welche Kräfte dabei wirksam werden. Statt also auf abstrakte Weise von »weißer Vorherrschaft« zu sprechen, plädierte sie dafür, das Zusammenspiel von Diskursen und Praktiken in den Blick nehmen, über die hegemoniale Positionen erzeugt werden.

Was hier etwas abstrakt klingen mag, erwies sich für die Forschung zu Privilegien als überaus anregend. Statt mit statischen Konzepten und fixen Identitäten zu operieren, sollte solchen Theoremen der Vorzug gegeben werden, welche die Veränderlichkeit der Verhältnisse zu denken erlauben. In der Folge veränderte sich nicht nur der Blick auf das System von Privilegien, sondern auch auf das Subjekt – also auf das, was im juristischen Diskurs »Privilegienträger« genannt wird. Statt das dominante »weiße Subjekt« noch länger als eine fest definierte Entität zu betrachten, lenkte Wollrad das Augenmerk auf jene Prozesse, welche dieses hervorbringen.[69] Wenn niemand »weiß« geboren werde, müsse dies erst gelernt und angeeignet werden. Weit davon entfernt, das Erlernen einer »weißen Identität« und die Inanspruchnahme der daran geknüpften Privilegien als reine Erfolgsgeschichte zu erzählen, stellte auch Wollrad die Widersprüchlichkeit dieses Prozesses heraus. Ähnlich wie Baldwin und Morrison akzentuierte sie die Beschädigungen, die mit der Aufnahme in den »weißen Club« einhergehen. Anderen mit Herablassung zu begegnen, muss augenscheinlich erst erlernt werden. Und wird mitunter von heftigen Schuld- und Schamgefühlen begleitet. Das »Phantasma der eigenen Höherwertigkeit«[70] gerät damit als eine Kompensation in den Blick. Es entschädigt für jene Zumutungen, die damit verknüpft sind, auf Distanz zu Menschen zu gehen, die zunächst womöglich Freund:innen waren oder geschätzte Mitschüler:innen, die aber schon bald von dem eigenen »weißen« Umfeld ausgegrenzt und zu »anderen« herabgewürdigt werden – über kleine Gesten, verdeckte Anspielungen oder sprachliche Verunglimpfungen.

Folgt man dieser Absage an starre Identitäten, gerät die ganze Szenerie in Bewegung: Nicht allein das privilegierte Subjekt wird nun dynamisch gefasst; dies strahlt auch auf jenes System der Begünstigungen aus, dem es seinen besonderen Status verdankt. Drei Merkmale dieser neuen Problemfassung stellt Wollrad eigens heraus:

> »Erstens hebt sie die Relativität Weißer Privilegien hervor, welche sich spezifisch in Korrelation mit anderen Macht-

> achsen konstituieren. Damit verbunden ist zweitens die Betonung der Instabilität der Weißen Subjektposition, die […] zugesprochen oder auch aberkannt werden kann. Drittens impliziert Weißwerden den ambivalenten Prozess des Hineinwachsens in eine dominante Gruppe und deren Ressourcen gleichermaßen als erstrebenswert hinsichtlich der Inanspruchnahme unverdienter Vorteile *und* schmerzhaft hinsichtlich der Beschädigung der eigenen Integrität.«[71]

Damit stellt sich nun eine durchweg begrüßenswerte »Verkomplizierung« in der Rede von Privilegien ein.[72] Die Reaktionen weißer Feministinnen auf die scharfe Kritik ihrer Schwarzen Weggefährtinnen hatte in den 1980er Jahren einen Prozess ausgelöst, der es notwendig machte, sich von schlichten Problemfassungen zu lösen. Dabei zeigte sich, dass weder das privilegierte Subjekt so stabil ist, wie es zunächst erscheinen mochte, noch die Verschränkung der einzelnen Systeme der Begünstigung. An die Stelle etwas holzschnittartiger Beschreibungen, die kaum mit widerstreitenden Motiven rechneten, ist nun ein »Panorama abgestufter Machtpositionen« und ein sehr viel nuancierteres »Panorama der Verteilung von Privilegien« getreten.[73] Diesem Zuwachs an Komplexität in der Problemfassung entspricht auch eine Weiterentwicklung der Privilegienkritik. Denn – das muss nicht verwundern – auch diese steht nicht still, wird differenzierter und anspruchsvoller.

5 Was tun mit Privilegien?

Aus der erwähnten »Verkomplizierung« in der Rede von Privilegien lässt sich jedoch keineswegs folgern, dass damit auch die Zahl der Beiträge zurückginge, in denen diese zum Gegenstand gemacht werden. Das Gegenteil ist der Fall. Der Terminus, dessen Geschichte weit zurückreicht, ist gegenwärtig in aller Munde und wird in den unterschiedlichsten Kontexten herangezogen, um einen Sachverhalt als Missstand auszuweisen. Das Privileg muss daher seit einigen Jahren zu den Schlüsselbegriffen der Zeitdiagnostik gezählt werden: Kaum eine kritische Kommentierung der gesellschaftlichen Verhältnisse kommt ohne ihn aus.[1] Diese bemerkenswerte Konjunktur, die für die Kulturwissenschaften wie für die politische Öffentlichkeit, für popkulturelle Zusammenhänge ebenso wie für postmigrantische *Communities* gilt, ist einer Eigenschaft des Begriffs geschuldet, die im Jargon der Hochschulreform »Polyvalenz« genannt wird: Ähnlich wie es Module gibt, die von Studierenden verschiedener Studiengänge besucht werden können, lassen sich mit dem Begriff des Privilegs höchst unterschiedliche Sachverhalte bezeichnen – und, nicht zuletzt, wirkungsvoll skandalisieren.

Der diskursive Kontext, dem die Rede vom Privileg aktuell ihre besondere Schlagkraft verdankt, lässt sich erhellen durch eine kurze Erinnerung an die Französische Revolution, die ich im 2. Kapitel gestreift habe. Nur wenige Jahre, nachdem jenseits des Rheins sämtliche Privilegien offiziell abgeschafft und die formale Gleichheit vor dem Gesetz verkündet worden waren, erschien das »Manifeste des Égaux« und setzte einen neuen Akzent, verlagerte die Diskussion. »Wir wollen«, so war hier zu lesen, »nicht nur diese Gleichheit, die in der Erklärung der Menschen- und Bürgerrechte geschrieben steht, wir verlangen die Gleichheit in unserer Mitte, unter dem Dach unserer Häuser.«[2] Das »Manifest der Gleichheit«, verfasst von Sylvain Maréchal und in ein politisches Konzept umgesetzt von Gracchus Babeuf, zwei jungen Sozialisten, lenkte im Jahr 1796 das Augenmerk auf die krassen Disparitäten der Lebensumstände im nachrevolutionären Frankreich.[3] Die beiden Autoren drängten darauf, Gleichheit nicht länger ausschließlich juristisch zu fassen, sondern sie künftig auch auf die materiellen Verhältnisse zu beziehen. Und genau dies löste eine Dynamik aus, die nicht nur die Epoche der Aufklärung prägte, sondern auch noch unsere zeitgenössischen Gesellschaften. Der Soziologe Clemens Albrecht hat dies treffend beschrieben. Werde Gleichheit universalistisch gedacht, setze dies Kräfte frei, die sich kaum noch kontrollieren ließen:

> »Denn universale Ideale sind unersättlich: Es gibt keinen denkenswerten Zustand der Gleichheit, der nicht noch gleicher, keinen der Freiheit, der nicht noch freier gedacht

werden kann. Erst jetzt wird soziale (d. h. alle Lebensbereiche umfassende) Ungleichheit zum dauernden Signum des menschlichen Lebens und zum andauernden Grund des Leidens an jeder seiner Formen.«[4]

Es ist diese Form einer sich immer weiter entgrenzenden Kritik der gesellschaftlichen Verhältnisse, die dem Privileg zu besonderer Prominenz verholfen hat. Wähnt sich eine Personengruppe aufgrund eines Merkmals benachteiligt, liegt es nahe, die Kritik mit dem Begriff des Privilegs zu munitionieren. Auf diese Weise lässt sich zuverlässig Aufmerksamkeit erzeugen und Öffentlichkeit herstellen. Und dies deshalb, weil die Selbstbeschreibungen jener Länder, die zum Globalen Norden gezählt werden, auf anspruchsvolle Weise normativ imprägniert sind. Sie schmücken sich mit universalistischen Normen und egalitären Prinzipien – und reagieren (zumeist) entsprechend empfindlich, wenn der Vorwurf im Raum steht, dass das Versprechen der Gleichbehandlung wiederholt gebrochen werde. Und weil nun immer neue Formen der Diskriminierung aufgedeckt werden und zugleich eine wachsende Zahl neuer Gruppen ihren Anspruch auf öffentliche Wahrnehmung artikuliert, wird nicht allein innerhalb der Sozial- und Kulturwissenschaften immer häufiger von Privilegien gesprochen.

Auch wenn die Formen, in denen dies geschieht, bisweilen sehr unterschiedlich sind, können sie doch als Ausdruck eines wachsenden Unbehagens interpretiert werden. Ob es nun um die Weitergabe von Bildungsprivilegien geht, um das Privileg, zur weißen Mehrheitsgesellschaft zu zählen oder etwa den Normen der herrschenden Geschlechterordnung zu entsprechen – in jedem Fall schließt sich die Frage an, wie auf diesen Befund angemessen zu reagieren sei.

Was also tun mit Privilegien? – so lautet, etwas salopp formuliert, die Frage, welche viele aktuelle Debattenbeiträge prägt. Anders formuliert: Wie lässt sich auf den Sachverhalt reagieren, dass – auch in solchen Gesellschaften, die in ihren Leitbildern die Bedeutung der Chancengleichheit herausstellen, die Diversität und Pluralität feiern – die krasse Ungleichverteilung von Kapital, Ressourcen und Lebenschancen weitgehend akzeptabel zu sein scheint?

Mit einem gewissen Mut zur Systematisierung lassen sich nun unterschiedliche Typen von Antworten identifizieren. Ohne dass sie sich in jedem einzelnen Fall sauber und trennscharf zuordnen ließen, könnte es doch hilfreich sein, die Vielzahl unterschiedlicher Beiträge auf Gemeinsamkeiten und Differenzen hin zu befragen. Ich versuche daher in einem ersten Schritt, das Feld der unterschiedlichen Statements und Einlassungen zum Umgang mit Privilegien zu sondieren und das freizulegen, was der Philosoph Ludwig Wittgenstein einmal »Familienähnlichkeiten« nannte.[5]

Von den unterschiedlichen Beiträgen trete ich danach einen Schritt zurück und wende mich jenen Stimmen zu, welche die zeitgenössischen Debatten um Privilegien kritisieren. Sie halten nicht allein die Existenz von Privilegien für problematisch, sondern darüber hinaus auch noch die Form, in der diese gegenwärtig diskutiert werden. Der Vorwurf, der von Philosoph:innen, Sozialwissenschaftler:innen und Migrationsforscher:innen erhoben wird, lautet: Die populäre Rede von Privilegien stabilisiert – aller kritischen Attitüde zum Trotz – die herrschenden Verhältnisse eher, als dass sie diese destabilisiere. Und dies, indem sie dazu neigt, individuelle Haltungen ins Zentrum zu rücken und damit letztlich von gesellschaftlichen Konflikten und Verteilungskämpfen abzulenken. Ich halte diese Kritik in weiten Teilen für sehr berechtigt. Es ist daher dringend geboten, neue Wege in der Rede von Privilegien zu erproben. Wie dies aussehen könnte, skizziere ich abschließend. Auf diese Weise lässt sich, so meine Hoffnung, das Privileg vorrangig als Erkenntnisinstrument und weniger als Kampfvokabel einsetzen, das bei der Analyse der herrschenden Verhältnisse wertvolle Dienste leistet und neue Möglichkeiten bei der Bekämpfung von Ausgrenzung, Benachteiligung und Diskriminierung eröffnet.

Es ist nicht ohne Ironie, dass von den fünf Varianten, auf den Befund von Privilegien zu reagieren, die ich im Folgenden skizziere, ausgerechnet jene am häufigsten praktiziert wird, die vielleicht am seltensten zum Gegenstand der Reflexion gemacht wird. Sie besteht darin, von Privilegien zu profitieren. Unter der Variante 1 diskutiere ich also Positionen, denen gemeinsam ist, dass die Inhaber:innen von Privilegien kein gesteigertes Interesse daran erkennen lassen, einen Beitrag zu deren Überwindung zu leisten. Variante 2 habe ich »Privilegien checken« genannt. Die Vertreter:innen dieser Position reagieren auf die Tatsache, dass viele gar nicht um die Privilegien wissen, die sie in ihrer alltäglichen Praxis genießen. Daher wird hier ein besonderes Augenmerk auf die Aufklärung über und die Bewusstwerdung von Privilegien gelenkt. Variante 3 ist hingegen daran zu erkennen, dass deren Protagonist:innen dafür werben, Privilegien anzuerkennen: Statt die Energie darauf zu verwenden, diese abzuschaffen (und dabei zu scheitern), gelte es, sie als eine Verpflichtung zu betrachten, mithin als eine Ressource, die es verantwortungsvoll einzusetzen gilt. Benachbart ist dieser Position die Variante 4, die sich dafür einsetzt, Privilegien bewusst zu verlernen. Was zunächst irritierend klingt, beschreibt das anspruchsvolle Konzept einer widerständigen (erkenntnis-)politischen Praxis, die von französischer Philosophie und postkolonialem Denken inspiriert ist. Variante 5 geht in der Kritik noch weiter: Sie versammelt solche Positionen, die sich im Bereich der Politik, der Zivilgesellschaft und der Wissenschaft dafür stark machen, sämtliche Spielarten von Privilegien zu überwinden und damit auch noch die letzten Reste der patriarchalen Ständegesellschaft hinter sich zu lassen.[6]

Variante 1: Privilegien in Anspruch nehmen

Es ist die etwas erklärungsbedürftige Übersetzung eines Textes aus dem Jahr 2007, die einen Zugang zu dieser Praxis verschafft. Der US-amerikanische Philosoph Charles W. Mills, dem die *Critical Philosophy of Race* wichtige Anstöße verdankt, hatte seinerzeit einen Beitrag publiziert, der im Original den Titel trug: *White Ignorance.* Dieser Schlüsseltext erschien jüngst in deutscher Fassung und wurde mit dem Titel *Weißes Nichtwissen* versehen.[7] Was in dieser Übersetzung verloren geht, ist indes für die Analyse der Inanspruchnahme von Privilegien von besonderer Bedeutung. Auch wenn Mills einräumen würde, dass Weiße wohl nur selten das ganze Ausmaß ermessen, in dem sie davon profitieren, in einer rassistischen Gesellschaft zu leben, stellt er doch heraus, dass sie um die grundlegenden Zusammenhänge sehr wohl wissen. Es ist also nicht die Unkenntnis, wie dies die Übersetzung nahelegt, welche sie zu Nutznießern werden lässt, sondern die Weigerung, sich mit jenen Strukturen zu befassen, die ihnen Vorteile verschaffen. Die »weiße Normativität«, hält Mills fest, manifestiert sich »in einer Weigerung der Weißen, die lange Geschichte struktureller Diskriminierung anzuerkennen, die den Weißen die unterschiedlichen Ressourcen, über die sie heute verfügen, [...] hinterlassen hat«.[8] Anders formuliert: Die Weißen, zu denen auch der Verfasser dieses Buches zählt, wissen durchaus darum, dass sie von verurteilungswürdigen rassistischen Strukturen profitieren, aber sie unternehmen nichts – oder doch viel zu wenig, um zu deren Überwindung einen bedeutsamen Beitrag zu leisten.

In ähnlicher Weise gilt dies auch für die Position von Männern in patriarchalen Gesellschaften. Auch wenn die australische Geschlechterforscherin Raewyn Connell mit ihrer Pionierarbeit über hegemoniale Männlichkeit herausgearbeitet hat, dass stets mit der Konkurrenz unterschiedlicher Spielarten von Männlichkeit gerechnet werden muss, beharrt sie doch darauf, dass an sämtliche Männer das ausgezahlt wird, was sie die »patriarchale Dividende«[9] nennt: In einer von Androzentrismus, Sexismus und Misogynie geprägten Gesellschaft können jene, die als Männer gelten, mit Vergünstigungen unterschiedlichster Art rechnen. Bis heute hat sich auch in den Ländern des Globalen Nordens daran nur wenig geändert. Ohne nun die verdienstvollen Bemühungen um die Etablierung einer Kritischen Männlichkeitsforschung oder das Engagement emanzipatorischer Männergruppen diskreditieren zu wollen[10], ist doch zu konstatieren, dass von uns Männern noch immer zu wenige Anstrengungen unternommen werden, die patriarchalen Strukturen zu bekämpfen. Die meisten Männer, ich bilde hier keine Ausnahme, profitieren auch weiterhin von dem, was bell hooks, Audre Lorde, Peggy McIntosh und andere Feministinnen das »male privilege« nennen. Kommt es dennoch zu gesellschaftlichen Liberalisierungen, erheben nicht selten reaktionäre Männergruppen ihre Stimme und versuchen alle emanzipatorischen Fortschritte rückgängig zu machen. Gruppen wie Incels oder Pickup-Artists verstehen sich daher als Akteure eines Kampfes der Geschlechter und verteidigen das »male privilege« auf bisweilen auch gewalttätige Weise.[11]

Der Befund wird nicht besser, wendet man sich dem Bereich der Bildung zu. Auch wenn sich heute niemand öffentlich gegen soziale Mobilität ausspricht, lassen sich doch kaum Gesetzesvorhaben erkennen, welche das Bildungsprivileg mit der gebotenen Nachdrücklichkeit zu überwinden trachten. Allen Reformen zum Trotz werden die Bildungseinrichtungen auch weiterhin von gesellschaftlichen Eliten instrumentalisiert. Bildung sei, so der Kultursoziologe Andreas Reckwitz, für die soziale Positionierung gegenwärtig von überragender Bedeutung. Sie sei die wichtigste Ressource und treibe die »Klassenpolarisierung« immer weiter voran.[12] Auch dieser Sachverhalt ist längst kein Geheimnis mehr. Seit den 1960er Jahren, als Ralf Dahrendorf sich dafür aussprach, Bildung als ein Bürgerrecht zu begreifen, wird dieser Umstand immer wieder einmal skandalisiert. Allein – die Debatten bleiben weitgehend folgenlos. Und so spricht vieles dafür, dass jene, die davon profitieren, nichts – oder viel zu wenig – unternehmen, um sich für die Demokratisierung der Bildungseinrichtungen einzusetzen. Bekenntnisse zu Inklusion und Chancengleichheit, die in der Öffentlichkeit wiederholt zu vernehmen sind, werden durchaus nicht immer von entsprechenden Handlungen gedeckt, wenn es etwa um den eigenen Nachwuchs geht. Diesen Eindruck hatte Katharina Rutschky schon Mitte der 1990er Jahre gewonnen. Als sich die streitbare Publizistin seinerzeit in ihrem links-liberalen Freundeskreis in Berlin umhörte, musste sie feststellen, dass kaum jemand die eigenen Kinder auf eine öffentliche Schule schickte. Sie hatten diese eher ausgesuchten Privatschulen anvertraut oder gleich auf ein »passendes Internat« geschickt.[13]

So unterschiedlich die Bereiche sind, die ich hier kurz aufgerufen habe: Sie zeigen, weshalb Privilegien auch in Gesellschaften, die sich als meritokratisch beschreiben, meist in Anspruch genommen werden können, ohne mit größerem Protest rechnen zu müssen. Häufig genug müssen Privilegien gar nicht verbissen verteidigt oder auf verdeckte Weise vererbt werden. Jene, die zu den Begünstigten zählen, weil sie den hegemonialen Leitbildern entsprechen und die »gesellschaftliche Normalität« verkörpern, müssen in den meisten Fällen gar nicht eigens aktiv werden. Es reicht meist schon, sich möglichst unbeteiligt zu geben und die Dinge einfach ihren (vermeintlich natürlichen) Lauf nehmen zu lassen.[14]

Die Gruppen der Privilegierten, die sich je nach Merkmal anders zusammensetzen, sind dementsprechend auch nicht unbedingt an raffinierten Strategien oder ausgeprägter Rücksichtslosigkeit zu erkennen. Eher schon ist mit einer unauffälligen Mischung aus Egoismus und Bequemlichkeit, aus Trägheit und Ignoranz zu rechnen. Und selbst wer sich in einem Bereich in besonderer Weise engagiert – etwa in einer Männergruppe, die sich dem Abbau patriarchaler Strukturen widmet –, ist nicht gefeit davor, in diesem Kampf vom eigenen Bildungsprivileg zu profitieren. Oder vor jenem, sich als Weißer in der Öffentlichkeit leichter Gehör verschaffen zu können als andere. Das Privileg ist eben eine »unreine Kategorie« – und genau deshalb kann es komplizierte, bisweilen auch widersprüchliche Sachverhalte erhellen.

Variante 2: Privilegien checken

Diese Praxis erfreut sich derzeit besonderer Popularität. Ihre Vertreter:innen stehen ersichtlich in der Tradition von Peggy McIntosh. Charakteristisch für diese frühe Variante des Privilegienchecks ist ihre reflexive Wendung. Der feministischen Sozialwissenschaftlerin ging es darum, die eigene alltägliche Praxis machtkritisch in den Blick zu nehmen und sie auf solche Konstellationen hin zu prüfen, von denen sie in ungerechtfertigter Weise profitierte. Der Aufruf, Privilegien zu prüfen, kam somit von einer weißen Wissenschaftlerin, die sich selbst als privilegiert erkannte – und andere dazu ermunterte, ebenfalls einen Blick auf die eigenen Lebensumstände zu werfen. Diese Variante stellt also eine Form der Selbstkritik dar: Personen, die meist über hohes kulturelles, ökonomisches und soziales Kapital verfügen, hinterfragen solche Narrative, die den Gewinner:innen der Verteilungskämpfe suggerieren, dass sie guten Gewissens die Vergünstigungen in Anspruch nehmen können, die damit verknüpft sind.

Was McIntosh zunächst noch privat betrieb, gehört an liberalen US-amerikanischen Eliteuniversitäten inzwischen zum guten Ton. Von Princeton etwa ist zu lesen, dass dies unter Studierenden längst eine weit verbreitete Praxis ist: Im Wissen darum, an einer hochrenommierten Universität zu studieren, die horrende Studiengebühren verlangt, dafür aber blendende

Karrierechancen eröffnet, prüfen Studierende ihren privaten Background auf die Vorteile, die sie bei dem forcierten Wettstreit um höchste Bildungstitel genießen. Bisweilen leiten sie eigene Seminarbeiträge auch damit ein, dass sie ihre Position innerhalb des gesellschaftlichen Machtgefüges beschreiben – und zu erkennen geben, dass sie nun etwa als weißer, heterosexueller Mann sprechen.[15]

Während diese Form des Privilegienchecks meistens im Modus der Selbstanklage betrieben wird – der Tonfall changiert zwischen Selbstmitleid und Zerknirschung –, ist dies bei der zweiten Spielart anders. Hier erheben jene das Wort, die gerade nicht von Privilegien profitieren. Sie reagieren mit ihren Beiträgen auf die Hartleibigkeit derer, die hochgradig privilegiert sind und Empathie wie auch Solidarität vermissen lassen. Obwohl diese Form der Thematisierung für sämtliche Arten von Privilegien denkbar wäre, fällt doch auf, dass im deutschsprachigen Raum derzeit zwei Ausprägungen öffentlichkeitswirksam diskutiert werden. Zum einen gilt dies für das Bildungsprivileg. Dieses wird bevorzugt in autosoziobiographischen Texten verhandelt, in denen soziale Aufsteiger:innen von den Diskriminierungen berichten, denen sie in Schule und Hochschule ausgesetzt waren. Die große Resonanz, auf die solche Bücher derzeit stoßen, spricht dafür, dass viele Vertreter:innen des Bildungsbürgertums diese Texte auch zur kritischen Selbstbefragung nutzen. Sie sind es, das legen viele Rezensionen nahe, die zu den intensivsten Leser:innen der neuen Gattung zählen.

Kaum weniger populär sind derzeit Bücher, in denen das Privileg des Weißseins verhandelt wird. Nicht-weiße Autor:innen ergreifen das Wort und schreiben an gegen die Ignoranz der weißen Dominanzkultur. Dies gilt nicht nur für den angloamerikanischen Sprachraum oder für Frankreich, wo mit Lilian Thuram jüngst ein berühmter Fußballer ein Buch über seine Erfahrungen mit Rassismus im Alltag publiziert hat. Bevor hierzulande die Übersetzung des Buches *What White People Can*

Do Next. From Allyship to Coalition, verfasst von der englischen Publizistin Emma Dabiri, erschien, hatte der deutsche Journalist Mohamed Amjahid einen Essay mit dem anspielungsreichen Titel *Unter Weißen. Was es heißt, privilegiert zu sein* vorgelegt. Hier hält er auf den ersten Seiten fest: »Privilegien können subtil, unsichtbar, selbstverständlich sein. In diesem Buch will ich sie sichtbar machen und in ihrer Selbstverständlichkeit hinterfragen.«[16]

Zusammengefasst: Das Überprüfen der Privilegien wird also gegenwärtig von zwei unterschiedlichen Gruppen angemahnt. Zum einen von jenen, die selbst privilegiert sind und diesen Umstand im Rückgriff auf moralische Begriffe reflektieren. Die Einsicht in die verschiedenen Formen der Begünstigung führt bei ihnen zu Schuldgefühlen und zu Bekenntnissen, die bisweilen an Beichtpraktiken erinnern. Zum anderen aber auch von Angehörigen marginalisierter Gruppen: Sie lassen gegenhegemoniale Erzählungen kursieren. Indem sie von Praktiken der Zurücksetzung und der Übervorteilung berichten, von Akten der Demütigung und Diskriminierung, betreiben sie das, was bell hooks »talking back« nannte. Sie legen den Finger in die Wunde und decken deutsche Lebenslügen auf – etwa jene, dass mit der intensiven Auseinandersetzung der nationalsozialistischen Gräueltaten »auch die rassistischen Weltbilder« überwunden seien.[17] Anders formuliert: Diese Akteur:innen betreiben Aufklärung. Sie skandalisieren Missstände, rühren an Tabus und setzen sich für Bewusstwerdung ein. Es gehe, schreibt Amjahid, »nicht um den Verzicht auf Privilegien«, sondern darum, »die Diskriminierungen der ›Anderen‹ überhaupt zu sehen und dann abzubauen«.[18]

Variante 3: Privilegien umverteilen

Unter dieser Überschrift fasse ich jene zusammen, die dem Privileg ebenfalls ausgesprochen kritisch gegenüberstehen, aber nur geringe Hoffnungen an die Praxis der Überprüfung knüpfen. Eine der markantesten Stimmen gehört Roxane Gay, einer Schwarzen Autorin und Literaturwissenschaftlerin, die regelmäßig für die *New York Times* und den englischen *Guardian* schreibt. Statt noch länger das groteske »Privilegienspiel« zu betreiben und Scheindebatten darüber zu führen, wer weniger privilegiert sei – »der *weiße* Mann aus der Arbeiterklasse oder die reiche mexikanische Frau mit Behinderung«[19] –, gelte es die eigenen Privilegien in ihrer ganzen Ambivalenz anzuerkennen. Im Wissen darum, dass es einer Lotterie gleichkommt, ob man im Globalen Norden oder im Globalen Süden geboren wird, ob man das Licht der Welt in einer Familie erblickt, die von Zuneigung oder Gleichgültigkeit, von Armut oder Reichtum geprägt ist, wirbt Gay dafür, Privilegien als eine soziale Tatsache zu begreifen – ohne daraus abzuleiten, dass damit schon die Weichen für ein erfülltes Leben gestellt seien.

Ungleich wichtiger als die unterschiedlichen Formen der Begünstigung zu beichten und sich ihrer zu schämen, wäre es, so Gay, diese als eine Verpflichtung zu betrachten und als Chance, sich für jene einzusetzen, die unter weniger privilegierten Bedingungen leben. Und sich dabei für Räume starkzumachen, in denen jene endlich gehört werden, die sonst kaum einmal die Gelegenheit haben, ihre Anliegen zu artikulieren. Gay rät dringend auch davon ab, in der Universität die »Privilegienpolizei« zu spielen und alle anderen, die man für privilegiert(er) hält, ungefragt auf diese hinzuweisen. Sehr viel produktiver sei es, diese als ein besonderes Vermögen zu begreifen:

> »[M]an könnte sein Privileg auch zum allgemeinen Guten nutzen, könnte versuchen, die Chancen für alle zu verbes-

> sern, für soziale Gerechtigkeit zu arbeiten, die Aufmerksamkeit darauf zu lenken, wie die Nichtprivilegierten in unserer Welt ausgebeutet und entrechtet werden.«[20]

Privilegien erscheinen dabei nicht länger als Sachverhalt, den es unter Aufbietung aller Kräfte aus der Welt zu schaffen gilt; sie wirken eher als eine soziale Vorrichtung, über die Lebenschancen zugewiesen werden. Mit ihrer Hilfe wird immer wieder aufs Neue das ausgehandelt, was der französische Philosoph Jacques Rancière die »Ordnung des Sinnlichen« nennt, also die Verteilung von Positionen im öffentlichen Raum, die maßgeblich darüber bestimmen, wer gesehen und gehört wird – und wer nicht.[21] Statt also noch länger den Traum von einer Welt ohne Privilegien zu träumen, komme es vielmehr darauf an, das Arrangement zu verändern, das festlegt, wer in der Lage ist, seine bzw. ihre Anliegen öffentlichkeitswirksam zu formulieren.

In dieser Linie lässt sich auch ein Beitrag von Kevin Vennemann interpretieren, der 2021 im *Merkur* erschien: Der deutsche Schriftsteller berichtete hier von Lehrerfahrungen an einem elitären College im Süden Kaliforniens und warb dafür, der Debatte über Identitätspolitik eine andere Wendung zu geben:

> »Anstatt zu fragen, wer ›darf‹ was schreiben, muss es heißen, warum eigentlich will man alles und selbst dann noch alles schreiben, wenn es verletzt oder Erfahrungen stiehlt, sie verharmlost und anderen jene überfällige und hochverdiente Aufmerksamkeit streitig macht, die Durchschnittsmännern selbst dann geschenkt wird, wenn ich kaum mehr kann, als von Allgemeinplätzen zu berichten?« Und wäre es nicht ratsam, »jenen Platz zu machen, die ich bislang kaum zu Wort kommen gelassen habe?«[22]

Auch diese Geste – für andere, weniger Gehörte, »Platz zu machen« – lässt sich als ein Akt der Umverteilung von Privilegien interpretieren.

Variante 4: Privilegien verlernen

Die Vertreter:innen dieser Position verfolgen eine verwandte, aber sich doch deutlich unterscheidende Strategie. Auch ihnen ist die »Sehnsucht nach Umverteilung«[23] durchaus nicht fremd, aber gleichwohl werben sie für einen Ansatz, der Privilegien auf eine neue Weise in den Blick nimmt. Inspiriert ist dieser Zugang von den Arbeiten Gayatri Chakravorty Spivaks, die an der Columbia University in New York Literaturwissenschaft lehrt und zu den Mitbegründer:innen der *Postcolonial Studies* zählt. Aufgewachsen in einer Familie, die in Kalkutta zur Mittelschicht zählte, ging sie schon in jungen Jahren in die USA, um dort zu studieren. Sie wurde als erste *woman of color* an der berühmten Universität zur Professorin ernannt und kehrte doch regelmäßig nach Indien zurück, um sich hier in der Lehrer:innenbildung zu engagieren. Dieses biographische Detail erwähne ich deshalb, weil es verständlich macht, was Spivak damit meint, Privilegien zu *verlernen*.[24]

Privilegien fasst Spivak als eine ambivalente Angelegenheit: Auch wenn diese mit vielen Vorteilen verbunden sind, zahlen jene, die davon profitieren, doch einen hohen Preis. Es ist diese Einsicht, die womöglich auch ihrem Pendeln zwischen der Metropole New York und ländlichen Gemeinden des Globalen Südens geschuldet ist. Nicht allein die Schüler:innen, die in Indien unter Bedingungen ökonomischer Knappheit lernen, werden vieler Entwicklungsmöglichkeiten beraubt; dies gilt auch für die hochgradig privilegierten Studierenden, auf die sie bei ihrer Rückkehr an die Columbia University trifft. Auch sie, die an einer berühmten Hochschule studieren und in ihren akademischen Ambitionen auf vielfältigste Weise unterstützt werden, erweisen sich in gewisser Hinsicht als gehandicapt, werden von vielen Erfahrungsräumen abgeschnitten. Genau diese unbequeme Einsicht gelte es, ihren Studierenden zu vermitteln, um das Interesse daran zu wecken, die Grenzen der eigenen Positioniertheit zu erkennen:

> »Die erste Voraussetzung und zugleich Folge wäre eine Aufhebung der Überzeugung, dass ich selbst zwangsläufig besser bin, zwangsläufig unentbehrlich bin, zwangsläufig diejenige bin, die Unrecht richtet, zwangsläufig das Endprodukt bin, um dessentwillen Geschichte geschah, und schließlich, dass New York zwangsläufig die Hauptstadt der Welt ist.«[25]

Die Auseinandersetzung mit den eigenen Privilegien erinnert bei diesem Zugang weniger an ein Geständnis, eher schon nimmt sie die Form einer schmerzhaften Dezentrierung an. Jene, die sich bislang im Zentrum des Geschehens wähnten, an einer Eliteuniversität und überdies im Herzen des Globalen Nordens, finden sich auf neue, überraschende Weise positioniert. Und mit der Aufgabe konfrontiert, jene Strukturen zu studieren, denen sie ihre eigene Position verdanken. Das Verlernen von Privilegien ist daher mehr als ein Bekenntnis. Es handelt sich stattdessen um eine anspruchsvolle politisch-theoretische Praxis, die darauf abzielt, nicht nur die eigene Position machtkritisch in den Blick zu nehmen, sondern auch die hegemoniale Wissensproduktion zu hinterfragen, die hierfür verantwortlich ist.[26] Das Konzept des Verlernens erinnert damit an das Verfahren der Dekonstruktion, das der französische Philosoph Jacques Derrida in den 1960er Jahren entwickelt hatte. Er, der als arabischer Jude in einem Vorort von Algier aufwuchs und Diskriminierung schon früh am eigenen Leib erfahren hatte, war ein Meister im Aufspüren von solchen Erzählstrategien, die Asymmetrien erzeugen und damit die Abwertung sozialer Gruppen – von Frauen, Homosexuellen oder Schwarzen, aber auch von Jüdinnen und Juden oder Muslim:innen – legitimieren.[27]

Privilegien geraten also bei diesem Zugang nicht länger als ein wertvolles Gut in den Blick, das es zu bewahren oder umzuverteilen gilt. Sie ermöglichen vieles, aber sie verunmöglichen eben auch manches; sie beschränken die eigenen Perspektiven. In der Folge werden Privilegien hier als ein vergiftetes Erbe gefasst, das nicht ausgeschlagen werden, an dessen Infragestellung man sich aber beteiligen kann.

Variante 5: Privilegien bekämpfen

Aus der Perspektive derer, die ich hierunter einordne, stellt das Verlernen einen wenig überzeugenden Kompromiss dar. Sie drängen stattdessen darauf, Privilegien vollständig abzuschaffen. Anders als die bereits erwähnten Juristen, die zu Beginn des 19. Jahrhunderts am Allgemeinen Preußischen Landrecht mitarbeiteten und dabei widerstreitende gesellschaftliche Kräfte ausbalancierten, sagen sie jeglicher Form von Privilegierung den Kampf an. Sie stehen daher, wenn man so will, eher in der französischen Tradition.

Besonders gut lässt sich diese Haltung am Beispiel des Bildungsprivilegs illustrieren. Selbst im deutschsprachigen Raum reicht dessen Skandalisierung weit zurück. So lag schon 1925 eine brillante Streitschrift vor, welche der Pädagogik vorwarf, kaum mehr als ein Spielball der herrschenden Kräfte zu sein und beim Aufbau fortschrittlicher, demokratischer Verhältnisse zu versagen. Der Autor des schmalen Buches *Sisyphos oder die Grenzen der Erziehung*, Siegfried Bernfeld, hatte sich intensiv mit dem Marxismus und der Psychoanalyse auseinandergesetzt und die pädagogischen Traktate seiner Zeit studiert. In einer Mischung aus beißendem Spott und scharfer Ironie entzauberte er diese und deckte auf, weshalb sich die Vertreter:innen der Bourgeoisie zunehmend für Bildungseinrichtungen interessierten: Sie suchten, so Bernfeld, durch den Zugriff auf Erziehungspraktiken ihre eigene Position, also »die Macht der herrschenden Klasse zu sichern«.[28]

Hier wäre jeder Kompromiss unverzeihlich, käme er doch einem Verrat an den Unterdrückten gleich. In ähnlicher Weise argumentieren etwa 40 Jahre später Dahrendorf und Bourdieu: Auch sie messen die pädagogischen Einrichtungen daran, ob es ihnen gelingt, das Bildungsprivileg der gesellschaftlichen Eliten zu brechen und eine Auslesepraxis zu etablieren, die unempfänglich ist für die soziale Herkunft der Schüler:innen und das kulturelle Kapital, das bereits im Elternhaus angehäuft wurde. Die beiden renommierten Soziologen verpflichteten die pädagogischen Einrichtungen mithin auf die Maximen Fairness, Wettbewerb und Chancengleichheit. Privilegien können dabei nur als Fremdkörper gelten, die noch an die Feudalgesellschaft erinnern und derer es sich umgehend zu entledigen gilt. Heute wird diese Arbeit auf vielfältige Weise weitergeführt – nicht allein von Vertreter:innen der Bildungssoziologie und der Erziehungswissenschaft, sondern etwa auch von dem Publizisten Mark Terkessidis, der darauf drängt, bei der Demokratisierung von Schulen nicht stehenzubleiben, sondern auch Theater und Museen von ihrer bürgerlichen Patina zu befreien und sie endlich als Einrichtungen für die Angehörigen sämtlicher Klassen zu begreifen.[29]

Die Kritiker:innen des Bildungsprivilegs gehen mithin von der Gleichverteilung der Intelligenz aus. Also von der Annahme, dass Jungen nicht schlauer sind als Mädchen, dass Muslim:innen nicht weniger gut rechnen als Christ:innen, dass rothaarige Schüler:innen in Biologie nicht weniger »talentiert« sind als blonde Schüler:innen. Diese Annahme gilt gleichsam als Betriebsprämisse des Bildungswesens. Und dabei gibt es eben keinerlei Abstriche zu machen. Jedes Zugeständnis, so Bourdieu und Dahrendorf, Becker und El-Mafaalani, wäre eines zu viel und würde eine Gruppe auf nicht zu rechtfertigende Weise benachteiligen.[30]

Genau diese Entschiedenheit kennzeichnet auch jene Aktivist:innen, die sich gegen das Privileg des Weißseins engagieren. Befasst man sich etwa mit historischen Studien zur Erfindung »wissenschaftlicher Rassetheorien« im Kontext der Aufklärung und studiert jene Kontexte, denen sich die Vorstellung der weißen Überlegenheit verdankt, kann die Folgerung nur lauten, diese strikt abzulehnen.[31] Und dies gilt selbstverständlich auch für jene Passagen aus Immanuel Kants Schriften zur Anthropologie, in denen er den Nachweis dafür zu erbringen sucht, dass Afrikaner:innen – aufgrund ihrer vermeintlich geringen kognitiven und moralischen Fähigkeiten – schlechterdings nicht in der Lage seien, »einen zivilisierten Zustand« zu erreichen. Auch die Rangordnung, die er in seinem Text »Von den verschiedenen Rassen der Menschen« entwickelt, ist fraglos rassistisch und kann als Anschauungsmaterial dafür dienen, dass auch einer der großen Aufklärer nicht davor gefeit war, jene Ressentiments zu bedienen, die seine Zeit prägten.[32] Abzulehnen sind solche rassistischen Denkfiguren *in toto*. Sie werden von jenen, die ›Privilegien bekämpfen‹, selbstverständlich entschieden zurückgewiesen. Auch das Privileg des Weißseins wird daher nicht in Teilen bekämpft oder mit einer gewissen Reserve. Es muss, so etwa das Votum der Vertreter:innen der *Critical Whiteness Studies*, vollständig überwunden werden.

Einwände unterschiedlicher Art

Auf den vergangenen Seiten ist immer wieder einmal die Kritik an der Rede von Privilegien angeklungen. Sucht man nun die Einwände zu systematisieren, die zu den hier diskutierten Varianten vorgetragen wurden, hilft Ina Kerners Kommentierung der deutschsprachigen Rezeption der *Critical Whiteness*

Studies weiter: Die Politikwissenschaftlerin hatte bei der Problematisierung des Weißseins eine handlungstheoretische Engführung moniert. Rassismus könne nicht mit Aussicht auf Erfolg bekämpft werden, wenn sich die Analyse auf einzelne Personen, ihre Handlungen und Motive kapriziere. Herrschaftsverhältnisse und »Gerechtigkeitsdefizite« könnten, so gab sie zu bedenken, »allein durch Akte der Bewusstmachung und allein durch Versuche einzelner, ihre zugewiesenen Privilegien zu teilen oder ganz aufzugeben, schwerlich behoben werden«. Nötig sei vielmehr ein tiefgreifender »Wandel, der Institutionen, gesellschaftliche Denk- und Repräsentationsmuster wie auch individuelle Einstellungen umfasst«.[33] Erst dann ließen sich koloniale und postkoloniale Spielarten des Rassismus erfolgreich bekämpfen.

Genau dieser Vorbehalt ist auch gegenüber der Rede von Privilegien zu machen. Wird bei deren Analyse auch nur eine der drei Dimensionen – die *personale*, die *institutionelle* oder die *epistemische* – ausgeblendet, führt dies zu einer unterkomplexen Problembeschreibung. Das Konzept des Privilegs bleibt dann deutlich hinter seinen Möglichkeiten zurück, einen Beitrag zur Analyse der herrschenden Verhältnisse zu leisten. Aber eben dies geschieht, so scheint es, nicht nur in Einzelfällen, sondern mit (un-)schöner Regelmäßigkeit.[34]

Kritik am Privilegiencheck

Am deutlichsten ist dies wohl bei jener Variante des *Checkens von Privilegien* der Fall, der von jenen betrieben wird, die im Modus der Selbstbezichtigung die eigenen Vorteile thematisieren. Hier werden rechtliche Ungleichbehandlungen, politische Versäumnisse und ökonomische Benachteiligungen auf folgenreiche Weise moralisch codiert. Mit dieser Verschiebung wird nicht nur suggeriert, dass die Überwindung von Ungerechtigkeit in erster Linie eine Sache der Aufklärung und der Bewusstwerdung der beteiligten Akteure sei. Es kommt überdies zu einem Austausch derer, die hier im Fokus stehen. Darauf hat unlängst die Philosophin Maria-Sibylla Lotter hingewiesen: Der »selbstbezogene Wunsch, sich von der Schuld zu befreien«, trete dann unweigerlich »an die Stelle der Wünsche nach gesellschaftlicher Veränderung«.[35] Im Zentrum der Privilegienchecks stehe also weniger die Frage danach, wie sich die beklagten Missstände überwinden lassen und welche Bündnisse zu diesem Zweck eingegangen werden müssten, sondern das privilegierte Individuum, das an einer makellosen Lebensführung interessiert ist – und bußfertig die Verstrickung in allerlei Abhängigkeitsverhältnisse einräumt.

Dabei kann der Privilegiencheck leicht zu einem Distinktionsmerkmal werden und zu einem Medium, in dem jene, die nicht über eine anspruchsvolle akademische Ausbildung verfügen und die entsprechende Eloquenz vermissen lassen, auf die Plätze verwiesen werden. Der in Chicago lehrende Literaturwissenschaftler Walter Benn Michaels hat diese Gefahr in seiner scharfzüngigen Auseinandersetzung mit dem Diversitäts-Jargon beschrieben:

> »Wohl wahr, das einzige, was gebildete Weiße mit Hochschulabschluss noch lieber mögen, als sich für ihren eigenen Rassismus zu entschuldigen (der Fachausdruck lautet ›Privilegien checken‹), ist, ungebildete Weiße ohne Hochschulabschluss als Rassisten anzuklagen. Und zwar zu einer Zeit, da das steilste Gefälle in der amerikanischen Gesellschaft das zwischen Gebildeten mit Hochschulabschluss und Ungebildeten ohne Hochschulabschluss ist und nicht etwa das zwischen Weißen und Schwarzen.«[36]

Diese Kritik verfängt indes weniger bei jenen, die aus minderprivilegierter Position – also gleichsam »von unten« – dazu aufrufen, Wettbewerbsvorteile, die bestimmte soziale Gruppen genießen, auf ihre Berechtigungen hin zu prüfen. Hier melden sich jene zu Wort, die selbst von Diskriminierung und Ausgrenzung betroffen sind – und dazu aufrufen, endlich das perfide Zusammenspiel von alltäglichen Praktiken, organisatorischen Routinen, ökonomischer Benachteiligung und rechtlichen Verfügungen in den Blick zu nehmen, die sie zu Bürger:innen zweiter Klasse machen.

Kritik an der Rede von Umverteilung

Kaum weniger dringlich als der Hinweis auf die Gefahr, dass die Prüfung der eigenen Privilegien zu einem Elitenprojekt verkommt, ist die Frage: Wird die Aufmerksamkeit, welche die Privilegierten den Angehörigen marginalisierter Gruppen zu schenken geloben, tatsächlich unterschiedslos gewährt? Dass der Begriff des Zuhörens seit einigen Jahren insbesondere in aktivistischen Kreisen eine außerordentliche Wertschätzung genießt, ist kein Zufall.[37] Hierin lässt sich eben auch der Versuch erkennen, Privilegien umzuverteilen – also jenen das Gehör zu schenken, deren Anliegen häufig nicht angemessen berücksichtigt werden, die also in der »Ökonomie der Aufmerksamkeit« (Franck) meist zu den Verlierer:innen zählen.

Im vergangenen Jahr hat der britische Comedian David Baddiel, der aus einer jüdischen Familie stammt, die Frage aufgeworfen, ob es bei der Zuwendung zu jenen, die als minderprivilegiert etikettiert werden, nicht zu einer neuen Form der Ungerechtigkeit komme. Es sei, so Baddiel mit Blick auf die Ermordung George Floyds und die Proteste der Black-Lives-Matter-Bewegung, zu einem »progressiven Glaubenssatz« geworden, »dass diejenigen, die keinem Rassismus ausgesetzt sind, zuhören müssen, lernen müssen, akzeptieren statt hinterfragen müssen, wenn andere über ihre Erfahrungen sprechen«.[38] Sosehr er diese Haltung grundsätzlich begrüßt, so scharf ist seine Kritik daran, dass im Vereinigten Königreich meist eine Gruppe ausgespart bleibe, wenn jene aufgezählt würden, die unter Diskriminierungen zu leiden hätten – die der Jüdinnen und Juden. So leide selbst der ehrenwerte Versuch, Privilegien umzuverteilen und die »Ordnung des Sinnlichen« (Rancière) gerechter zu gestalten, unter antisemitischen Ressentiments.

Es sei ein »heiliger Kreis, der um diejenigen herum gezogen« werde, so Baddiel, »für die die progressiven modernen Linken zu kämpfen bereit« seien. Wie lasse sich dann aber erklären, dass in Großbritannien die Jüdinnen und Juden zumeist nicht genannt werden? Dazu führt Baddiel aus:

> »Nun, darauf gibt es viele Antworten. Aber die grundlegende [...] lautet, dass Juden die einzigen Opfer von Rassismus sind, denen von den Rassisten sowohl ein niedriger als auch ein hoher Status beigemessen wird. Juden werden von Rassisten auf die gleiche Weise stereotypisiert wie andere Minderheiten – als verlogen, diebisch, schmutzig, niederträchtig, stinkend –, aber eben *auch* als vermögend, privilegiert, mächtig, als geheime Herrscher über die Welt.«

Und von diesen Ressentiments seien eben auch jene nicht frei, die sich für die Umverteilung von Privilegien einsetzen, dabei aber stets auf *andere* Opfer von Diskriminierung zu sprechen kommen: »Diese rassistische Mythologie liegt in der Luft, wenn die Linken zögern, die Juden in ihren heiligen Kreis einzuschließen.«[39]

Wichtiger als die Diskussion der Frage, ob dies für Deutschland gleichermaßen zutrifft – hierzulande wird von postmigrantischen Stimmen eher beklagt, dass die intensive Auseinandersetzung mit der Shoah die Bekämpfung des Rassismus etwas in den Hintergrund habe treten lassen[40] –, ist der Hinweis darauf, dass auch der Versuch, Privilegien aktiv umzuverteilen, nicht davor gefeit ist, jene Ideologien der Ungleichheit zu reproduzieren, die er doch zu bekämpfen unternimmt. Baddiel spricht sich ausdrücklich dagegen aus, Unrechtserfahrungen oder erlittene Diskriminierungen gegeneinander aufzurechnen. Für ihn trifft zu, was schon Roxane Gay herausgestellt hatte, als sie sich gegen die Idee von »Olympischen Spielen der Privilegien und Unterdrückung« aussprach; aber er insistiert darauf, dass Jüdinnen und Juden nicht als »weiß« gelten können.[41] Dies gilt wenigstens dann, wenn damit weniger eine Hautfarbe bezeichnet wird, sondern die Mitgliedschaft in der Mehrheitsgesellschaft und das damit einhergehende Versprechen, vor Diskriminierung und Ausgrenzung, vor Brandanschlägen und Verfolgung geschützt zu sein.

Kritik am Verlernen von Privilegien

Etwas anspruchsvoller als die genannten Konzepte sind jene, die für das *Verlernen von Privilegien* werben. Auch wenn sie ebenfalls ihren Ausgang von individuellen Akteur:innen nehmen, ist für sie charakteristisch, dass es dabei nicht bleibt. Die Vertreter:innen dieses Ansatzes lenken das Augenmerk auf die Institutionen, in denen sich die Angehörigen privilegierter Gruppen bewegen, wie auch auf die Organisation des Wissens, denen sie ihren superioren Status verdanken. Gleichwohl steht das Ansinnen, Privilegien auch als Verlust zu interpretieren und jene, die im Globalen Süden leben, nicht zum Gegenstand eines Opferdiskurses zu machen, bisweilen in der Gefahr, die extreme Ungleichverteilung von Ressourcen als etwas weniger dringlich erscheinen zu lassen. Pointiert formuliert: Mit einer moralischen Aufwertung derer, die unter dem Regime des globalisierten Kapitalismus zu leiden haben, lässt es sich für jene, die von den ungerechten Strukturen des Weltmarktes profitieren, sehr gut leben.[42]

Diese gewähren großzügig Anerkennung und Wertschätzung, verweigern aber die Neuorganisation der gesellschaftlichen Verhältnisse. Und genau dieser beliebten Strategie spielen jene ungewollt in die Hände, die dazu neigen, die unterschiedlichen Formen der Privilegierung als gleiche zu behandeln. In seinen Folgen ist dies fatal, wie der bereits erwähnte Michaels herausstellt:

> »Denn während es einleuchten mag, sich Kulturen als verschieden und doch gleich vorzustellen, kann es nicht einleuchten, sich Klassen ebenso vorzustellen. Angeordnet auf einer vertikalen Achse – oben, mittel, unten – bezeichnen Klassen nichts anderes als ein Verhältnis von Ungleichheit.«[43]

Aber genau dies geschieht, wenn es Spivak unternimmt, die Lebensformen der Subalternen – also derer, die im Konzert der Mächtigen keine Stimme haben – zu »rehabilitieren« und auf die Zurichtungen verweist, die mit der Aufnahme in die Dominanzkultur verbunden sind.

Eklatanter Mangel an Theorie

Hält man sich diese Windungen in der Rede von Privilegien vor Augen, gewinnt die scharfe Kritik, welche die beiden britischen Marxist:innen Esme Choonara und Yuri Prasad vorgetragen haben, mehr und mehr an Plausibilität. Ihr zentraler Einwand lautet, dass das Checken von Privilegien lediglich dazu führe, »das Bestehen der Ungleichheit festzustellen – es hilft uns aber nicht, diese zu verstehen oder zu bekämpfen«. Und sie fügen hinzu: »Faktisch wird die Anerkennung von Ungleichheit zum Selbstzweck«.[44] Es sei der eklatante Mangel an Theorie, der mit dafür verantwortlich ist, dass die Rede von Privilegien häufig genug nicht über ritualisierte Beichten hinauskomme. Solange also die Suche nach den Ursachen vermieden und das Aufwerfen unbequemer Fragen unterlassen werde, bleibe die Rede von Privilegien harmlos.

Eine gesellschaftsverändernde Kraft könne die Privilegienkritik erst dann entwickeln, wenn sie die Moralisierung politischer und ökonomischer Fragen vermeide und der Gefahr begegne, dass sich gesellschaftliche Gruppen, die doch über gemeinsame Interessen verfügen, spalten lassen. Im Wissen darum, dass diese Strategie in der Vergangenheit immer wieder verfangen hat, gelte es nach Perspektiven zu suchen, die Allianzen und Bündnisse ermöglichen. Genau in dieser Hinsicht besitze der »marxistische Ausgangspunkt« besondere Vorzüge: Er stelle nicht nur ein begriffliches Instrumentarium zur Verfügung, um den Status quo in seiner Gewordenheit zu erklären, sondern er erweise ihn auch als veränderbar – und eröffne damit eine Perspektive für dessen Überwindung. Dabei räumen Choonara und Prasad bereitwillig ein, dass die Kategorie der Klasse mit anderen Kategorien verrechnet werden müsse. Marxist:innen wüssten durchaus, dass die »Klassenzugehörigkeit eines Individuums oder der persönliche Hintergrund das Leben nicht immer stärker beeinflusst als das Geschlecht, die ›Rasse‹ oder Sexualität«. Gleichwohl sprächen zwei Gründe für die Einnahme einer marxistischen Perspektive:

> »Erstens ist eine Klassenanalyse wichtig, um den Ursprung von Unterdrückung zu verstehen, wie und unter welchen Umständen sie begann, warum sie weiterbesteht. […] Zweitens ist die Klassenanalyse von entscheidender Bedeutung, weil sie das Problem im System und nicht bei Einzelpersonen verortet und eine Kraft identifiziert, die das System stürzen und grundlegend und dauerhaft verändern kann.«[45]

In der Tradition Antonio Gramscis, der die Wendung »Pessimismus des Verstandes, Optimismus des Willens« geprägt hatte, sind Choonara und Prasad somit an theoretischen Zugängen interessiert, die eine Überwindung des Status quo denkbar werden lassen. In diesem Anliegen treffen sie sich mit Walter Benn Michaels. Der Literaturwissenschaftler warnt gleichermaßen vor der Moralisierung der Debatte und erläutert dies am Beispiel des Bildungsprivilegs: »Die wahren Opfer der Ungerechtigkeit unseres Bildungssystems sind nicht die Studenten, die man dazu gebracht hat, sich nicht wohlzufühlen auf dem Campus der Duke-, Northwestern oder Harvard-Universität, sondern diejenigen, die nie einen Fuß auf einen solchen Campus gesetzt haben.«[46] Statt noch länger über Differenz und Diversität zu sprechen, müssten wir endlich den Mut dazu finden, jene unbequemen Fragen nach gesellschaftlicher Umverteilung zu stellen, die in den USA allzu lange tabuisiert worden seien.

Als Michaels 2016, zehn Jahre nach Erscheinen der Erstausgabe, ein Nachwort zur Neuauflage verfasst, referiert er zunächst ökonomische Studien, die nachweisen, dass sich die Spaltung in Arm und Reich in den Vereinigten Staaten zwischenzeitlich noch weiter vergrößert hat, um schließlich die Ursache für diese Form der Ungleichverteilung von Lebenschancen herauszustellen. Jürgen Habermas hat sie einmal »monströs« genannt.

> »Nicht der Rassismus ist verantwortlich für die Welt, in der Leute, die sich um ihre kranke Großmutter kümmern, soviel weniger verdienen als die, die das Unternehmen leiten oder besitzen, für das jene arbeiten. Das ist der Kapitalismus. Nicht der Sexismus hat die (kleine) Klasse von Menschen erschaffen, die ihre Kinder auf Elite-Universitäten schicken kann. Das hat der Kapitalismus getan.«[47]

Privileg als Erkenntnisinstrument

So berechtigt Michaels' Hinweis darauf ist, dass in den USA gegenwärtig Fragen kultureller Differenzen sehr ausführlich diskutiert, Klassendifferenzen hingegen deutlich weniger intensiv verhandelt werden, halte ich die Gegenüberstellungen, die er in der zitierten Passage vornimmt, doch für wenig hilfreich. Wenn es darum geht, das Privileg zu einem herrschaftskritischen Erkenntnisinstrument auszuarbeiten, ist es unerlässlich, die Einwände, die ich hier ausschnitthaft referiert habe, zu berücksichtigen, dabei aber nun nicht erneut einzelne Zugänge gegeneinander auszuspielen. Ich will auf den letzten Seiten dieses Buches wenigstens andeuten, wie der Begriff des Privilegs gefasst werden könnte, ohne damit jene unterkomplexen Problemfassungen zu befördern, von denen schon die Rede war.

Zu diesem Zweck erscheint es mir unerlässlich, den Anschluss an universalistische Theorietraditionen zu suchen.[48] Dass dies nicht auf unbeschwerte Weise geschehen kann, dass dies mit einer beträchtlichen Hypothek versehen ist, steht außer Frage. Allzu oft sind in der Vergangenheit unter dem Banner universalistischer Werte Gräueltaten begangen worden – in Europa, aber auch in jenen Weltgegenden, die mit großer Brutalität missioniert wurden: »Die christlichen Werte, die Europa oft vollmundig für sich in Anspruch nimmt, die aufklärerische Vernunft und die Ideen von 1789, die es in der Welt gerne proklamiert, hat es allzu sehr missachtet«, so der Romanist Markus Messling, »als dass nicht deutlich geworden wäre, wie sehr die Forderung nach zivilisatorischem Fortschritt doch im Wesentlichen der Durchsetzung eigener Interessen gedient hat.«[49] Ein ungebrochenes Anknüpfen an die Rede von universalistischen Werten kann es daher nicht geben.

Gleichwohl spricht doch vieles dafür – das zeigt auch die Diskussion um rassistische Passagen in den Werken Kants und Hegels –, dass wir ohne jene Begriffe, in deren Namen Menschen auf grausame Weise unterdrückt, ausgebeutet und ermordet wurden, nicht auskommen, wenn es darum geht, auf aktuelle Herausforderungen zu reagieren.[50] Wir benötigen zur Überwindung von Ausgrenzung und Diskriminierung genau jene Konzepte, die an deren Zustandekommen in erheblicher Weise beteiligt waren. In Frage steht daher, ob heute – im Wissen um Kolonialgewalt, Sklaverei und Genozide – der Versuch unternommen werden kann, an das anzuknüpfen, was der französische Philosoph Jacques Derrida in einem Interview kurz vor seinem Tod das »europäische Erbe« genannt hat, ohne in den Eurozentrismus zurückzufallen.[51]

In dieser Perspektive lässt sich an einen Vorschlag anknüpfen, den Clemens Albrecht vor einigen Jahren gemacht hat. Im Anschluss an den oben bereits zitierten Hinweis auf die Dynamik, die von dem Begriff der Gleichheit freigesetzt wird, sobald er universalistisch interpretiert werde, warb er dafür, Universalismen gleichsam als Schwungräder der Moderne zu begreifen: »Sie setzen eine soziale Bewegung nach der anderen in Gang« und sie tun dies, »weil sie Anlass geben für ein dauerhaftes, nicht zu befriedigendes Ungenügen an der Wirklichkeit, an jeder Wirklichkeit«.[52]

Führt man diese Überlegung weiter, eröffnet sich nicht nur für die Diskussion um emanzipatorische Identitätspolitik, sondern auch für die Rede von Privilegien eine interessante Perspektive. Partikularistische Bewegungen und die Anhänger:innen universalistischer Werte markieren dann nicht länger zwei konkurrierende Zugänge. Sie verweisen aufeinander, sie sind, so Albrecht, aufeinander angewiesen und miteinander verflochten:

> »Wir haben es dabei immer mit einer komplizierten Gemengelage aus Partikularismen und Universalismus zu tun. Denn stets erwachsen Universalismen aus den historischen Erfahrungen und dem normativen Konsens einzelner Gruppen oder Trägerschichten.«[53]

Es wäre daher fatal, wenn sich jene, die sich gegen Rassismus, Sexismus, Klassismus oder etwa den Kapitalismus engagieren und zu diesem Zweck auf den Begriff des Privilegs zurückgreifen, auseinanderdividieren lassen und übersehen, dass die Kämpfe, die sie austragen, einander benachbart sind. Selbstverständlich nimmt der Kampf gegen das Privileg des Weißseins eine andere Form an als jener gegen das Bildungsprivileg oder das Privileg heterosexueller Männlichkeit; aber allem widerständigen Engagement ist doch gemeinsam, dass es vor dem Horizont einer imaginierten Menschheit geschieht. Das Privileg wird in den genannten Fällen somit stets *relational* gedacht: Die Bevorzugung einer sozialen Gruppe kann eben nur mit Blick auf eine andere Gruppe skandalisiert werden. Wenn es also um die Anerkennung eines Lebensentwurfes geht, wenn es um Fragen der Repräsentation und der Partizipation geht, wenn es darum geht, endlich gesehen und gehört zu werden, dann ist damit eine Perspektive aufgerufen, die das bloß Partikulare immer schon überschreitet. Jedem identitätspolitischen Engagement ist daher eine universalistische Perspektive eingeschrieben.[54]

Horizontwahrnehmung

Genau diese Verwobenheit von Partikularismus und Universalismus stellte auch der französische Philosoph Gilles Deleuze heraus, als er sich 1988 dazu bereit erklärte, vor laufender Kamera einige Begriffe näher zu erläutern.[55] Er, der das Fernsehen stets gemieden hatte, ließ sich darauf ein, in freier Rede und gleichsam auf Zuruf zu Begriffen wie »Idee« und »Kindheit«, aber auch »Oper« und »Tennis« zu improvisieren. Als das ausführliche Interview, das sich über mehr als sieben Stunden erstreckte, den Buchstaben G erreichte, wurde er gebeten auszuführen, was er unter »Gauche« verstehe, was also »Links« für ihn bedeute. Seine Antwort ist für den Versuch, den Begriff des Privilegs neu zu fassen, überaus anregend.

Zwei Merkmale seien, so Deleuze, für »Links« charakteristisch. Zunächst sei dies eine Frage der Perspektive. Für Konservative oder Rechte sei typisch, dass sie an ihrem eigenen Wohlergehen interessiert seien. Sie konzentrierten sich daher zunächst auf die eigenen Belange und verteidigten ihre Privilegien; erst danach wendeten sie sich der unmittelbaren Nachbarschaft zu – der Straße, in der sie leben, danach der Gemeinde, dann »ihrem« Land und schließlich auch größeren globalen Zusammenhängen. Linke hingegen kehrten diese Reihenfolge um; sie gingen in entgegengesetzter Richtung vor. Sie besäßen das, was Deleuze eine »Horizontwahrnehmung« nennt: Sie sähen die Welt als ein Ganzes, schenkten ihre Aufmerksamkeit daher zunächst globalen Zusammenhängen. Erst in einem nächsten Schritt wendeten sie sich Belangen von nationaler, regionaler oder lokaler Bedeutung zu. Ganz am Ende dieser Bewegung erst landeten sie bei singulären Interessen. Das zweite Merkmal ist das, was Deleuze »minoritär werden« nennt. Als Linker stehe man der Mehrheitsgesellschaft grundsätzlich kritisch gegenüber und zeige sich den unterdrückten Gruppen gegenüber solidarisch. Statt für sie das Wort zu ergreifen und an ihrer Stelle zu sprechen, komme es darauf an, an ihrer Seite zu stehen und sie in ihrem Kampf gegen Ideologien der Ungleichheit und ressentimentgeladene Politik zu unterstützen.

Es ist diese fast schon minimalistische Kombination zweier Merkmale, die Deleuze hier vorschlägt, um »Links« zu definieren, die sich auch als Hinweis darauf interpretieren lässt, wie Privilegien künftig bekämpft werden können, ohne sich in die geschilderten Widersprüche zu verstricken. Die Gegenüberstellung von Links und Rechts kommt zwar nicht ohne Überzeichnungen aus – Rechte haben an Kollektiven meist ein ausgeprägtes Interesse, und Linke sind womöglich nicht ganz so selbstlos, wie von Deleuze beschrieben. Doch der wunderbare

Begriff der »Horizontwahrnehmung« kann als Empfehlung verstanden werden, die einzelnen Kämpfe gegen Übervorteilung, Ausgrenzung und Diskriminierung nicht als lokale Ereignisse oder singuläre Bewegungen zu betrachten, sondern sie im Lichte verwandter Auseinandersetzungen zu begreifen – und damit als Elemente eines größeren Kampfes. Sie wären als Momente eines Emanzipationsgeschehens zu betrachten, das sich aus vielerlei widerständigen Bewegungen speist und nicht an den Grenzen des Nationalstaats haltmacht. Diesem wachsenden Bewusstsein für globale Zusammenhänge müsste freilich das politische Engagement vor Ort korrespondieren. »Minoritär werden« würde bedeuten, über lokale Bündnisse jene zu unterstützen, welche die hegemoniale Ordnung herausfordern und denjenigen Strukturen den Kampf ansagen, welchen die privilegierten Kreise ihre Stellung verdanken. Mikropolitik und Makropolitik schließen sich daher so wenig aus wie lokales Engagement und die Einnahme globaler Perspektiven.

Diese Dinge geraten in Bewegung, so scheint es. Jene, die lange Zeit weitgehend unwidersprochen die Definitionshoheit innehatten, müssen sich immer häufiger erklären – müssen nun für das Argumente anführen, was sie ehedem selbstverständlich in Anspruch nehmen konnten. Die Leichtigkeit, mit der sich die herrschenden Verhältnisse reproduzierten, scheint (vorerst) dahin. Auch dafür steht die Intensität, mit der aktuell über Privilegien gestritten wird. Diese intensiv geführten Debatten können somit als ein Gradmesser für beträchtliche gesellschaftliche Transformationen gelten. Sie verweisen darauf, dass nicht allein das Bewusstsein für unterschiedliche Formen der Privilegierung mehr und mehr zunimmt, sondern im selben Moment auch die Bereitschaft, diese Ordnung noch länger mitzutragen, schwindet.

Anmerkungen

1 Worum wird gestritten?

1 Jens Hacke, *Philosophie der Bürgerlichkeit. Die liberalkonservative Begründung der Bundesrepublik*, Göttingen 2006.

2 Jürgen Habermas, »Umgangssprache, Wissenschaftssprache, Bildungssprache«, in: *Merkur* 32 (1977) H. 4, S. 327–342.

3 Helmut Schelsky, *Der selbständige und der betreute Mensch*, Frankfurt a. M. / Berlin / Wien 1976, S. 116.

4 Robert Spaemann, »Emanzipation – ein Bildungsziel?«, in: *Merkur* 29 (1975) H. 1, S. 11–24.

5 Pierre Bourdieu [u. a.] (Hrsg.), *Das Elend der Welt. Zeugnisse und Diagnosen alltäglichen Leidens an der Gesellschaft*, Konstanz 2008.

6 Habermas, »Umgangssprache, Wissenschaftssprache, Bildungssprache« (s. Anm. 2), S. 336.

7 Romano Guardini, *Die Lebensalter. Ihre ethische und pädagogische Bedeutung*, Würzburg 1953.

8 Habermas, »Umgangssprache, Wissenschaftssprache, Bildungssprache« (s. Anm. 2), S. 334.

9 Michael-Sebastian Honig, *Entwurf einer Theorie der Kindheit*, Frankfurt a. M. 1999.

10 Vgl. Michel Foucault, *Die Ordnung der Dinge. Eine Archäologie der Humanwissenschaften*, Frankfurt a. M. 1974.

11 Vgl. Mechtild Gomolla / Frank-Olaf Radtke, *Institutionelle Diskriminierung. Die Herstellung ethnischer Differenz in der Schule*, Wiesbaden 2003.

12 Spaemann, »Emanzipation – ein Bildungsziel?« (s. Anm. 4), S. 12.

13 Helmut Schelsky, »Soziologische Bemerkungen zur Rolle der Schule in unserer Gesellschaftsverfassung«, in: H. S. (Hrsg.): *Schule und Erziehung in der industriellen Gesellschaft*, Würzburg 1956, S. 9–50.

14 Habermas, »Umgangssprache, Wissenschaftssprache, Bildungssprache« (s. Anm. 2), S. 342.

15 Thomas Barfuss / Peter Jehle, *Antonio Gramsci zur Einführung*, Hamburg 2021.

16 Jürgen Habermas, »Überlegungen und Hypothesen zu einem erneuten Strukturwandel der politischen Öffentlichkeit«, in: *Leviathan* 37 (2021) S. 470–500.

17 Ich nenne einige neuere Beiträge: Jonathan Haidt, »Why Concepts Creep to the Left«, in: *Psychological Inquiry* 27 (2016) S. 40–45; Stefanie Graefe, »Flexibel, belastbar, sozial? Zur Dynamik neoliberaler Psychologisierung im Zeichen von Resilienz«, in: *Widerspruch* 73 (2018) H. 12, S. 53–61; Maria-Sibylla Lotter, »Wann wird Sprache zur Gefahr?«, in: *Die Zeit*, 14. 1. 2021, Nr. 3, S. 49.

18 Markus Rieger-Ladich, »Identitätsdebatte oder: Das Comeback des Privilegs«, in: *Blätter für deutsche und internationale Politik* 10 (2021) S. 97–104.

19 Ulf Kadritzke, *Mythos »Mitte«. Oder: Die Entsorgung der Klassenfrage*, Berlin 2017.

20 Pierre Bourdieu, *Bildung. Schriften zur Kultursoziologie* 2, Berlin 2018.

21 Rolf Becker, »Ausgewählte Klassiker der Bildungssoziologie«, in: R. B. (Hrsg.), *Lehrbuch der Bildungssoziologie*, Wiesbaden 2009, S. 475–514.

22 Rahel Jünger, *Bildung für alle? Die schulischen Logiken von ressourcenprivilegierten und -nichtprivilegierten Kindern als Ursachen der bestehenden Bildungsungleichheit*, Wiesbaden 2008.

23 Helga Amesberger / Brigitte Halbmayr, *Das Privileg der Unsichtbarkeit. Rassismus unter den Blickwinkeln von Weißsein und Dominanzkultur*, Wien 2008.

24 Steffen Vogel, »Das Erbe von '68: Identitätspolitik als Kulturrevolution«, in: *Blätter für deutsche und internationale Politik* 66 (2021) S. 97–104.

25 Ich nenne hier nur zwei aktuelle Beiträge: Karsten Schubert, »›Political Correctness‹ als Sklavenmoral? Zur politischen Theorie der Privilegienkritik«, in: *Leviathan* 48 (2020) S. 29–51; Dieter Schönecker, »Reden wir lieber von Verbannung«, in: *Frankfurter Allgemeine Zeitung*, 27. 7. 2022, Nr. 172, S. N 4.

26 Vogel, »Das Erbe von '68« (s. Anm. 24).

2 Wie kam das Privileg in die Welt?

1 Hacke, *Philosophie der Bürgerlichkeit* (s. Kap. 1, Anm. 1).

2 Heinz Mohnhaupt, »Die Unendlichkeit des Privilegienbegriffs. Zur Einführung in das Tagungsthema«, in: Barbara Dölemeyer / H. M. (Hrsg.), *Das Privileg im europäischen Vergleich* 1, Frankfurt a. M. 1997, S. 1–11, hier S. 3.

3 Ebd., S. 5.

4 Herbert Krüger, *Allgemeine Staatslehre*, Stuttgart 1964, S. 942.

5 Bundesverfassungsgericht, Urteil vom 5.11.1975, in: *BVerfGE* 40 (1976) S. 317. Nur kurz darauf erschien die deutsche Übersetzung der US-amerikanischen Studie *Power and Privilege*: Gerhard Lenski, *Macht und Privileg. Eine Theorie der sozialen Schichtung*, übers. von Hanne Herkommer, Frankfurt a. M. 1977.

6 Die klassische Studie hierzu ist immer noch: John L. Austin, *How to Do Things with Words*, Cambridge 1962.

7 Vgl. hierzu unlängst: Katharina Walgenbach, »Privilegien in der Moderne«, in: *diskurs* (2022) H. 7, S. 68–94.

8 Vgl. Michael J. Sandel, *Vom Ende des Gemeinwohls. Wie die Leistungsgesellschaft unsere Demokratien zerreißt*, übers. von Helmut Reuter, Frankfurt a. M. 2020.

9 Mohnhaupt, »Die Unendlichkeit des Privilegienbegriffs« (s. Anm. 2), S. 1.

10 Barbara Stollberg-Rilinger, *Des Kaisers alte Kleider. Verfassungsgeschichte und Symbolsprache des Alten Reiches*, München 2013, S. 315.

11 Barbara Stollberg-Rilinger, *Das Heilige Römische Reich Deutscher Nation. Vom Ende des Mittelalters bis 1806*, München 2018, S. 9 f.

12 Vgl. ebd.

13 Stollberg-Rilinger, *Des Kaisers alte Kleider* (s. Anm. 10), S. 301.

14 Paolo Grossi, *Das Recht in der europäischen Geschichte*, München 2010, S. 64 f.

15 Ebd., S. 16.

16 Jürgen Habermas, *Auch eine Geschichte der Philosophie*, 2 Bde. Berlin 2019, S. 879.

17 Stollberg-Rilinger, *Des Kaisers alte Kleider* (s. Anm. 10), S. 316.

18 Ebd., S. 305, 316.

19 Zit. nach: Heinz Mohnhaupt, »Untersuchungen zum Verhältnis von Privileg und Kodifikation im 18. und 19. Jahrhundert«, in: *Ius commune* 5 (1975) S. 71–121, hier S. 84.

20 Ebd., S. 79.

21 Ebd., S. 81.

22 Ebd., S. 82.

23 Ebd., S. 85.

24 Vgl. Thorsten Lieb, *Privileg und Verwaltungsakt. Handlungsformen der öffentlichen Gewalt im 18. und 19. Jahrhundert*, Frankfurt a. M. 2004.

25 Vgl. hierzu etwa: Kurt Flasch, *Das philosophische Denken im Mittelalter. Von Augustin zu Machiavelli*, Stuttgart 1986.

26 Grossi, *Das Recht in der europäischen Geschichte* (s. Anm. 14), S. 51.

27 Niklas Luhmann, *Die Gesellschaft der Gesellschaft*, Bd. 2, Frankfurt a. M. 1997, S. 707 ff.

28 Vgl. hierzu: Jacques Le Goff, *Die Intellektuellen im Mittelalter*, Stuttgart 2001; Michael Stolleis, *Öffentliches Recht in Deutschland. Eine Einführung in seine Geschichte. 16.–21. Jahrhundert*, München 2014, S. 35 ff.

29 Stollberg-Rilinger, *Des Kaisers alte Kleider* (s. Anm. 10), S. 307.

30 Max Weber, *Wirtschaft und Gesellschaft. Grundriss der verstehenden Soziologie*, Tübingen 1980, S. 488.

31 Habermas, *Auch eine Geschichte der Philosophie* (s. Anm. 16), S. 861.

32 Stollberg-Rilinger, *Des Kaisers alte Kleider* (s. Anm. 10), S. 299.

33 Ebd., S. 41, 44.

34 Stolleis, *Öffentliches Recht in Deutschland* (s. Anm. 28), S. 50.

35 Zit. nach: Mohnhaupt, »Untersuchungen zum Verhältnis von Privileg und Kodifikation« (s. Anm. 19), S. 90.

36 Grossi, *Das Recht in der europäischen Geschichte* (s. Anm. 14), S. 101.

37 Vgl. Mohnhaupt, »Untersuchungen zum Verhältnis von Privileg und Kodifikation« (s. Anm. 19), S. 92.

38 Stefan Gosepath, »Gleichheit«, in: Anna Goppel / Corinna Mieth / Christian Neuhäuser (Hrsg.): *Handbuch Gerechtigkeit*, Stuttgart 2016, S. 173–179, hier S. 175.

39 Vgl. hierzu: Peter Koller, »Geschichte des Gerechtigkeitsbegriffs: Neuzeit«, in: Goppel/Mieth/Neuhäuser, *Handbuch Gerechtigkeit* (s. Anm. 38), S. 14–20; Benno Zabel, »Recht, Angst, Vulnerabilität. Liberale Gesellschaften zwischen Krise und Resilienz«, in: *Rechtswissenschaft* (2020) H. 3, S. 233–261.

40 Zit. nach: Hasso Hofmann, »Zur Lehre vom Naturzustand in der Rechtsphilosophie der Aufklärung«, in: Reinhardt Brandt (Hrsg.), *Rechtsphilosophie der Aufklärung. Symposium Wolfenbüttel*, Berlin / New York 1982, S. 12–46, hier S. 18.

41 Mohnhaupt, »Untersuchungen zum Verhältnis von Privileg und Kodifikation « (s. Anm. 19), S. 96.

42 Martin Otto, »Recht«, in: *Europäische Geschichte Online (EGO)*, Abs. 14: http://ieg-ego.eu/de/threads/hintergruende/recht/martin-otto-recht

43 Vgl. ebd., Abs. 15.

44 Zit. nach: Heinz Mohnhaupt, »Diskussionen im 18. und 19. Jahrhundert über Freiheiten und Gleichheit im Privilegien- und Rechtssystem

zwischen Gerechtigkeitsfrage und Ideologie«, in: *Festschrift für Maximilian Herberger*, hrsg. von Samuel van Oostrom und Stephan Weth, Saarbrücken 2006, S. 691–702.

45 Zit. nach: Mohnhaupt, »Untersuchungen zum Verhältnis von Privileg und Kodifikation« (s. Anm. 19), S. 99.

46 Barbara Dölemeyer / Heinz Mohnhaupt (Hrsg.), *200 Jahre Allgemeines Landrecht für die preußischen Staaten. Wirkungsgeschichte und internationaler Kontext*, Frankfurt a. M. 1995.

47 Albert Soboul, *Kurze Geschichte der Französischen Revolution*, Berlin 2010, S. 13.

48 Emmanuel Joseph Sieyès, *Abhandlung über die Privilegien. Was ist der dritte Stand?*, hrsg. von Rolf Hellmut Foerster, Frankfurt a. M. 1968.

49 Ebd., S. 123.

50 Ebd., S. 106.

51 Ebd., S. 82.

52 Ebd., S. 139 (Hervorh. i. Orig.).

53 Ebd., S. 33 (Hervorh. i. Orig.).

54 Ebd., S. 35 f. (Hervorh. i. Orig.).

55 Ebd., S. 60, Anm. 2.

56 Ebd., S. 136.

57 Ebd., S. 25.

58 Heinz Mohnhaupt, »Privileg, neuzeitlich«, in: Adalbert Erler / Ekkehardt Kaufmann (Hrsg.), *Handwörterbuch zur deutschen Rechtsgeschichte*, Bd. 3, Sp. 2005–2011, Berlin 1984, hier Sp. 2008.

59 Die historische Bedeutung der Haitianischen Revolution – nicht zuletzt für antikolonialistische Befreiungskämpfe – erläutert sehr anschaulich und packend eine umfangreiche Biographie von Toussaint Louverture. Dieser »schwarze Spartakus« bekämpfte die »Sklaverei, kolonialistisches Siedlungswesen, imperiale Dominanz, Rassenhierarchie und europäische Suprematie«. Hazaressingh, Sudhir, *Black Spartacus. Das große Leben des Toussaint Louverture*, übers. von Andreas Nohl unter Mitw. von Nastasja S. Dresler, München 2022, S. 10.

60 Grossi, *Das Recht in der europäischen Geschichte* (s. Anm. 14), S. 136.

61 Ebd., S. 139.

62 Zit. nach: Reinhart Koselleck, *Preußen zwischen Reform und Revolution: Allgemeines Landrecht, Verwaltung und soziale Bewegung von 1791 bis 1848*, München 1981. S. 41, Anm. 68.

63 Heinz Mohnhaupt, »Privilegien und ›gemeines Wohl‹ im ALR sowie deren Behandlung durch Theorie und Praxis im 19. Jahrhundert«, in:

Dölemeyer/Mohnhaupt, *200 Jahre Allgemeines Landrecht für die preußischen Staaten* (s. Anm. 46), S. 144.

64 Koselleck, *Preußen zwischen Reform und Revolution* (s. Anm. 62), S. 24.

65 Andreas Schwennicke, *Die Entstehung der Einleitung des Preußischen Allgemeinen Landrechts von 1794*, Frankfurt a. M. 1993, S. 7.

66 Vgl. ebd., S. 241.

67 Ebd., S. 252.

68 Ebd., S. 253.

69 Koselleck, *Preußen zwischen Reform und Revolution* (s. Anm. 62), S. 33.

70 Georg Wilhelm Friedrich Hegel, »Über die englische Reformbill«, in: G. W. F. H., *Berliner Schriften 1818–1831. Werke 11*, Frankfurt a. M. 2016, S. 83–128, hier S. 89.

71 Mohnhaupt, »Privilegien und ›gemeines Wohl‹ im ALR« (s. Anm. 63), S. 112 (Hervorh. i. Orig.).

72 Klassisch und frei von Patina: Joachim Ritter, *Hegel und die französische Revolution*, Frankfurt a. M. 1965.

73 Georg Wilhelm Friedrich Hegel, *Grundlinien der Philosophie des Rechts oder Naturrecht und Staatswissenschaft im Grundrisse*, Frankfurt a. M. [2]1989, § 209.

74 Christopher Yeomans, »Hegels Handlungslehre und das Preußische Allgemeine Landrecht«, in: *Rechtsphilosophie* 4 (2018) S. 24–35.

75 Dietmar Dath, *Hegel. 100 Seiten*, Stuttgart 2020, S. 36.

3 Wie funktioniert das Bildungsprivileg?

1 Rudolf W. Keck, »Das ›Bürgerrecht auf Bildung‹. Bildungsgeschichtliche Aspekte der Französischen Revolution in Deutschland«, in: *Bildung und Erziehung* 42 (1989) H. 3, S. 255–268, hier S. 260.

2 Zit. nach: ebd., S. 258.

3 Max Weber, *Wahlrecht und Demokratie in Deutschland*, Berlin-Schöneberg 1917, S. 245–291, hier S. 247 f.

4 Weber, *Wirtschaft und Gesellschaft* (s. Kap. 2, Anm. 30), S. 576 (Hervorh. i. Orig.).

5 Ludwig von Friedeburg, *Bildungsreform in Deutschland. Geschichte und gesellschaftlicher Widerspruch*, Frankfurt a. M. 1989, S. 333.

6 Vgl. dazu aus historischer Perspektive: Hans-Ulrich Wehler, *Deutsche*

Gesellschaftsgeschichte, Bd. 5. Bundesrepublik und DDR 1949–1990, München 2008, S. 108 ff., 193 ff.

7 Die Hintergründe erläutert: Edith Glaser, »Pädagogik und Politik. Der Deutsche Ausschuss für das Erziehungs- und Bildungswesen und seine Empfehlungen als ein Beitrag zur Wissensgeschichte der Erziehungswissenschaft in der frühen Bundesrepublik«, in: *63. Beiheft der Zeitschrift für Pädagogik* (2017) S. 88–107.

8 Schelsky, »Soziologische Bemerkungen zur Rolle der Schule in unserer Gesellschaftsverfassung« (s. Kap. 1, Anm. 13), S. 17 f. (Hervorh. i. Orig.).

9 Ebd., S. 19.

10 Ebd., S. 23.

11 Ebd., S. 29.

12 Siehe hierzu den erhellenden Beitrag: Immanuel Wallerstein, »Ideologische Spannungsverhältnisse im Kapitalismus: Universalismus vs. Sexismus und Rassismus«, in: Étienne Balibar / I. W. (Hrsg.), *Rasse – Klasse – Nation. Ambivalente Identitäten*, Hamburg/Berlin 1990, S. 39–48.

13 Jürgen Kocka, »Stand – Klasse – Organisation«, in: Hans-Ulrich Wehler (Hrsg.), *Klassen in der europäischen Sozialgeschichte*, Göttingen 1979, S. 137–165; Markus Rieger-Ladich, »Cooling out: Warum Bildung mehr ausgrenzt als inkludiert«, in: *Kursbuch* 54 (2018) H. 193, S. 100–114.

14 Wilfried Rudloff, »Ungleiche Bildungschancen, Begabung und Auslese. Die Entdeckung der sozialen Ungleichheit in der bundesdeutschen Bildungspolitik und die Konjunktur des ›dynamischen Begabungsbegriffs‹ (1950 bis 1980)«, in: *Archiv für Sozialgeschichte* 54 (2014) S. 193–244, hier S. 194.

15 Friedeburg, *Bildungsreform in Deutschland* (s. Anm. 5), S. 348.

16 Georg Picht, *Die deutsche Bildungskatastrophe*, München 1965, S. 17.

17 Ralf Dahrendorf, *Bildung ist Bürgerrecht. Plädoyer für eine aktive Bildungspolitik*, Hamburg 1965, S. 56.

18 Rudloff, »Ungleiche Bildungschancen, Begabung und Auslese« (s. Anm. 14), S. 194 f.

19 Dahrendorf, *Bildung ist Bürgerrecht* (s. Anm. 17), S. 78.

20 Ebd., S. 80.

21 Ebd., S. 71.

22 Ebd., S. 76.

23 Ebd.

24 Andreas Flitner, *Mißratener Fortschritt. Pädagogische Anmerkungen zur Bildungspolitik*, München 1977.

25 Zur Debatte um den Begabungsbegriff und die Erneuerung der Erziehungswissenschaft: Rudloff, »Ungleiche Bildungschancen, Begabung und Auslese« (s. Anm. 14).

26 Zit. nach: ebd., S. 202.

27 György Széll (Hrsg.), *Privilegierung und Nichtprivilegierung im Bildungssystem*, München 1972.

28 Ebd., S. 7.

29 Ebd., S. 20.

30 Ebd.

31 Ebd., S. 16.

32 Vgl. ebd., S. 21.

33 Ebd., S. 23.

34 Ebd., S. 24, 26.

35 Ebd., S. 27.

36 Sebastian Müller-Rolli, »Familie und Schule im historischen Prozeß der sozialen und kulturellen Reproduktion«, in: *Neue Sammlung* 25 (1985) S. 340–358, hier S. 341.

37 Széll, *Privilegierung und Nichtprivilegierung im Bildungssystem* (s. Anm. 27), S. 28.

38 Pierre Bourdieu / Jean-Claude Passeron, *Die Illusion der Chancengleichheit. Untersuchungen zur Soziologie des Bildungswesens am Beispiel Frankreichs*, bearb. von Irmgard Hartig, Stuttgart 1971.

39 Christian Graf von Krockow, »Die Illusion der Chancengleichheit. Ein unbequemes, provokatives Buch aus Frankreich«, in: *Die Zeit*, 18. 2. 1972, Nr. 7, S. 44.

40 Wehler, *Deutsche Gesellschaftsgeschichte* (s. Anm. 6), S. 110, 113.

41 Pierre Bourdieu, *Die männliche Herrschaft*, übers. von Jürgen Bolder, Frankfurt a. M. 2005, S. 7.

42 Christian Baudelot, »Das Bildungswesen, ein neues wissenschaftliches Objekt, ein Feld neuer Kämpfe«, in: Pierre Bourdieu, *Deutsch-französische Perspektiven*, hrsg. von Catherine Colliot-Thélène, Etienne François und Gunter Gebauer. Frankfurt a. M. 2005, S. 165–178, hier S. 165.

43 Vgl. Benoît Peeters, *Derrida. Eine Biographie*, Berlin 2013, S. 61–63.

44 Pierre Bourdieu, *Ein soziologischer Selbstversuch*, übers. von Stephan Egger, Frankfurt a. M. 2002, S. 106 f.

45 Ebd., S. 47 f.

46 Ebd., S. 172.

47 Vgl. Baudelot, »Das Bildungswesen, ein neues wissenschaftliches Objekt, ein Feld neuer Kämpfe« (s. Anm. 42), S. 165 ff.

48 Zit. nach: ebd., S. 167.

49 Ebd., S. 167.

50 Pierre Bourdieu / Jean-Claude Passeron, *Die Erben. Studenten, Bildung und Kultur*, übers. von Stephan Egger und Eva Kessler, Konstanz 2007, S. 19.

51 Pierre Bourdieu, *Wie die Kultur zum Bauern kommt*, übers. von Jürgen Bolder, Hamburg 2001, S. 144, Anm. 1.

52 Vgl. Bourdieu/Passeron, *Die Erben* (s. Anm. 50), S. 7.

53 Ebd., S. 31.

54 Ebd., S. 99.

55 Ebd., S. 33.

56 Ebd., S. 37.

57 Vgl. Bourdieu, *Wie die Kultur zum Bauern kommt* (s. Anm. 51).

58 Bourdieu/Passeron, *Die Erben* (s. Anm. 50), S. 100.

59 Ebd., S. 98.

60 Franz Schultheis / Stephan Egger, »Nachwort«, in: Bourdieu/Passeron, *Die Erben* (s. Anm. 50), S. 174.

61 Vgl. Rieger-Ladich, »Cooling out« (s. Anm. 13).

62 Baudelot, »Das Bildungswesen, ein neues wissenschaftliches Objekt, ein Feld neuer Kämpfe« (s. Anm. 42), S. 167.

63 Rolf Becker / Wolfgang Lauterbach (Hrsg.), *Bildung als Privileg. Erklärungen und Befunde zu den Ursachen der Bildungsungleichheit*, Wiesbaden [4]2010, [o. S.].

64 Ebd.

65 Steffen Mau, »Die halbierte Meritokratie«, in: S. M. / Nadine M. Schöneck-Voß (Hrsg.), *(Un-)Gerechte (Un-)Gleichheiten*, Berlin 2015, S. 36–45.

66 Ebd., S. 41.

67 Diesen Vorwurf erhebt auch der Schriftsteller Bruno Preisendörfer, *Das Bildungsprivileg. Warum Chancengleichheit unerwünscht ist*, Frankfurt a. M. 2008.

68 Vgl. Sandel, *Vom Ende des Gemeinwohls* (s. Kap. 2, Anm. 8), S. 29–52.

69 Jerome Karabel, *The Chosen. The Hidden History of Admission and Exclusion at Harvard, Yale, and Princeton*, Boston / New York 2005.

70 Gregory Clark, *The Son Also Rises: Surnames and the History of Social Mobility*, Princeton [u. a] 2014; David Runciman, »Wettbewerb ist für Verlierer«, in: *Merkur* 75 (2021) Nr. 871, S. 5–16.

71 Sandel, *Vom Ende des Gemeinwohls* (s. Kap. 2, Anm. 8), S. 190.

72 Carlos Spoerhase, »Politik der Form. Autosoziobiografie als Gesellschaftsanalyse«, in: *Merkur* 71 (2017) H. 818, S. 27–37, hier S. 35.

73 Ebd.

74 bell hooks, *Talking back. Thinking feminist, thinking black*, New York / London 2015.

75 Hierzu jüngst: Eva Blome / Philipp Lammers / Sarah Seidel (Hrsg.), *Autosoziobiographie. Poetik und Politik*, Stuttgart 2022.

76 Markus Rieger-Ladich, »Bildung und Beschämung. Eine Lektüre von Annie Ernaux' Der Platz«, in: *Mitteilungen des Germanistenverbandes* 67 (2020) S. 70–78.

77 Patrick Sachweh, »Stichwort: Sozialer Aufstieg – Sozialer Abstieg«, in: *WestEnd. Neue Zeitschrift für Sozialforschung* 15 (2018) H. 1, S. 67–69, hier S. 68.

78 Die deutsche Übersetzung erschien erst zwanzig Jahre später: Didier Eribon, *Betrachtungen zur Schwulenfrage*, übers. von Bernd Schwibs und Achim Russer, Berlin 2019.

79 Ebd., S. 11.

80 Ebd., S. 156.

81 Didier Eribon, *Rückkehr nach Reims*, übers. von Tobias Haberkorn, Berlin 2016, S. 92.

4 Warum sprechen wir heute von Privilegien im Plural?

1 Hierzu einschlägig: Charles W. Mills, »Weißes Nichtwissen«, in: Kristina Lepold / Marina Martinez Mateo (Hrsg.), *Critical Philosophy of Race. Ein Reader*, Berlin 2021, S. 180–216.

2 Tal Fortgang, »Checking my Privilege«, in: Michael S. Kimmel / Abby L. Ferber (Hrsg.), *Privilege. A Reader*, New York / London 2018, S. 17–20.

3 bell hooks, »Schwarze Frauen* und Feminismus«, in: Natasha A. Kelly (Hrsg.), *Schwarzer Feminismus. Grundlagentexte*, Münster 2019, S. 61–105.

4 Ebd., S. 62.

5 Vgl. Audre Lorde, *Sister Outsider*, München 2021.

6 hooks, »Schwarze Frauen* und Feminismus«. (s. Anm. 3), S. 69.

7 W. E. B. Du Bois, *Die Seelen der Schwarzen*, Freiburg 2003.

8 Vgl. hierzu: Eske Wollrad, *Weißsein im Widerspruch*, Königstein/Taunus 2005, S. 19–21.

9 hooks, »Schwarze Frauen* und Feminismus« (s. Anm. 3), S. 75.

10 Vgl. Lorde, *Sister Outsider* (s. Anm. 5); Kimberle Crenshaw, »Mapping the Margins: Intersectionality, Identity Politics, and Violence against

Women of Color«, in: *Stanford Law Review* 43 (1991) H. 6, S. 1241–1299. Verblüffend aktuell ist immer noch: Anja Meulenbelt, *Scheidelinien. Über Sexismus, Rassismus und Klassismus*, übers. von Silke Lange, Reinbek b. Hamburg 1988.

11 Vgl. Lea Susemichel / Jens Kastner, *Identitätspolitiken. Konzepte und Kritiken in Geschichte und Gegenwart der Linken*, Münster [2]2020.

12 Vgl. Patricia Purtschert, »Es gibt kein Jenseits der Identitätspolitik. Lernen vom Combahee River Collective«, in: *Widerspruch* 36 (2017) H. 1, S. 15–22.

13 The Combahee River Collective, »Ein Schwarzes feministisches Statement (1977)«, in: Kelly, *Schwarzer Feminismus* (s. Anm. 3), S. 47–60.

14 Ebd., S. 51.

15 Ebd., S. 48.

16 Ebd., S. 51.

17 Vgl. dazu Angela Davis, »Reflexionen über die Rolle der Schwarzen Frau* in der versklavten Community (1971)«, in: Kelly, *Schwarzer Feminismus* (s. Anm. 3), S. 17–45; Elsa Dorlin, *Selbstverteidigung. Eine Philosophie der Gewalt*, Berlin 2020.

18 The Combahee River Collective, »Ein Schwarzes feministisches Statement« (s. Anm. 13).

19 Lorde, *Sister Outsider* (s. Anm. 5), S. 10.

20 Birgit Rommelspacher, *Dominanzkultur. Texte zu Fremdheit und Macht*, Berlin 1995.

21 Ebd., S. 29.

22 Ebd., S. 89.

23 Lorde, *Sister Outsider* (s. Anm. 5), S. 71.

24 Ebd., S. 14.

25 Peggy McIntosh, »Weiße hassen es, ihr Selbstbild beschädigt zu sehen.« Ein Interview mit Carla Baum und Amna Franzke, in: *Zeit Campus*, 8.7.2020.

26 Tony Morrison, *Im Dunklen spielen. Weiße Kultur und literarische Imagination*, übers. von Barbara von Bechtolsheim und Helga Pfetsch, Reinbek b. Hamburg 1995, S. 125.

27 Marilyn Frye, »On Being White. Thinking Toward a Feminist Understanding of Race and Race Supremacy«, in: M. F.: *The Politics of Reality: Essays in Feminist Theory*, Berkeley 1983, S. 110–127.

28 Vgl. ebd.

29 Vgl. hierzu Ruth Frankenberg, »Weiße Frauen, Feminismus und die Herausforderung des Antirassismus«, in: Brigitte Fuchs / Gabriele

Habinger (Hrsg.), *Rassismen & Feminismen. Differenzen, Machtverhältnisse und Solidarität zwischen Frauen*, Wien 1996, S. 51–66.

30 Frye, »On Being White« (s. Anm. 27), S. 110.

31 Vgl. hierzu etwa Susan Buck-Morss, *Hegel und Haiti. Für eine neue Universalgeschichte*, Berlin 2011.

32 Raewyn [Robert W.] Connell, *Der gemachte Mann. Konstruktionen und Krisen von Männlichkeit*, Wiesbaden 2006.

33 Frye, »On Being White« (s. Anm. 27), S. 127.

34 Peggy McIntosh, »White Privilege and Male Privilege«, in: Kimmel/Ferber, *Privilege* (s. Anm. 2), S. 28–40.

35 Die deutsche Übersetzung wird in leicht modifizierter Form zitiert nach: Wollrad, *Weißsein im Widerspruch* (s. Anm. 8), S. 85.

36 Vgl. hierzu etwa Oliver Nachtwey, *Die Abstiegsgesellschaft. Über das Aufbegehren in der regressiven Moderne*, Berlin 2016.

37 Ebd., S. 193 f., orientiert an: McIntosh, »White Privilege and Male Privilege« (s. Anm. 34), S. 31–33.

38 McIntosh, »Weiße hassen es, ihr Selbstbild beschädigt zu sehen.« (s. Anm. 25).

39 McIntosh, »White Privilege and Male Privilege« (s. Anm. 34), S. 31 ff.

40 Markus Brunner, »Trigger-Warnungen. Zur Politisierung eines traumatherapeutischen Projekts«, in: Eva Berendsen / Saba-Nur Cheema / Meron Mendel (Hrsg.), *Trigger Warnung. Identitätspolitik zwischen Abwehr, Abschottung und Allianzen*, Berlin 2019, S. 21–34.

41 James Baldwin, *Nach der Flut das Feuer*, übers. von Miriam Mandelkow, München 2019.

42 McIntosh, »White Privilege and Male Privilege« (s. Anm. 34), S. 37.

43 Ebd., S. 39.

44 Heike Solga, »Meritokratie – die moderne Legitimation ungleicher Bildungschancen«, in: Peter A. Berger / Heike Kahlert (Hrsg.), *Institutionalisierte Ungleichheiten? Stabilität und Wandel von Bildungschancen*, Weinheim/München 2005, S. 19–38.

45 Sandel, *Vom Ende des Gemeinwohls* (s. Kap. 2, Anm. 8), S. 43.

46 McIntosh, »Weiße hassen es, ihr Selbstbild beschädigt zu sehen.« (s. Anm. 25).

47 Vgl. McIntosh, »White Privilege and Male Privilege« (s. Anm. 34), S. 39.

48 Vgl. dazu Gabriele Dietze, »Critical Whiteness Theory und Kritischer Okzidentalismus. Zwei Figurationen hegemonialer Selbstreflexion«, in: Martina Tißberger [u. a.] (Hrsg.), *Weiß – Whiteness – Weißsein.*

Kritische Studien zu Gender und Rassismus, Frankfurt a.M. 2006, S. 219–248.

49 Frankenberg, »Weiße Frauen, Feminismus und die Herausforderung des Antirassismus« (s. Anm. 29), S. 51.

50 Ebd.

51 Vgl. hierzu Eske Wollrad, »Weißsein und bundesdeutsche Gender Studies«, in: Maureen Maisha Eggers (Hrsg.), *Mythen, Masken und Subjekte. Kritische Weißseinsforschung in Deutschland*, Münster 2005, S. 416–426, hier S. 422.

52 Wollrad, *Weißsein im Widerspruch* (s. Anm. 8),

53 Ebd., S. 38.

54 Frankenberg, »Weiße Frauen, Feminismus und die Herausforderung des Antirassismus« (s. Anm. 29), S. 56.

55 Du Bois, *Die Seelen der Schwarzen* (s. Anm. 7), S. 35.

56 bell hooks, »Weißsein in der schwarzen Vorstellungswelt«, in: b.h. (Hrsg.), *Black Looks. Popkultur – Medien – Rassismus*, Berlin 1994, S. 204–220, hier S. 237.

57 Vgl. hierzu etwa María do Mar Castro Varela / Paul Mecheril (Hrsg.), *Die Dämonisierung der Anderen. Rassismuskritik der Gegenwart*, Bielefeld 2016.

58 Anne Rohstock hat sich unlängst dafür ausgesprochen, in der Geschichtsschreibung Momente der Kontingenz und der Unvorhersehbarkeit stärker zu berücksichtigen: Anne Rohstock, »Snoopying History – Bildungsgeschichte als ko-produktive ›slow science‹ und das Potenzial der Geruchsgeschichte für die Erziehungswissenschaft«, in: Laura Böckmann / Sebastian Engelmann / Philipp Reichrath / A.R. (Hrsg.), *Creativity, Courage, Chances. Festschrift zu Ehren von S. Karin Amos*, Tübingen 2021, S. 251–282.

59 Buck-Morss, *Hegel und Haiti* (s. Anm. 31).

60 Ebd., S. 88.

61 Ebd., S. 41.

62 Andrew S. Curran / Henry L. Jr. Gates, »Die Erfindung der wissenschaftlichen Rassetheorien«, in: *Merkur* 76 (2022) H. 875, S. 33–46, hier S. 43.

63 Ina Kerner, »Critical Whiteness Studies: Potentiale und Grenzen eines wissenspolitischen Projekts«, in: *Feministische Studien* 31 (2013) H. 2, S. 278–293, hier S. 283.

64 Ebd. (Hervorh. i. Orig.).

65 Judith Butler, *Das Unbehagen der Geschlechter*, übers. von Kathrina

Menke. Frankfurt a. M. 1991; zur Rezeption: Sabine Hark, *Dissidente Partizipation. Eine Diskursgeschichte des Feminismus,* Frankfurt a. M. 2005.

66 Simone de Beauvoir, *Das andere Geschlecht. Sitte und Sexus der Frau,* übers. von Eva Rechel-Mertens (Bd. 1) und Fritz Montfort (Bd. 2). Reinbek b. Hamburg 1968.

67 Dietze, »Critical Whiteness Theory und Kritischer Okzidentalismus« (s. Anm. 48), S. 231.

68 Wollrad, *Weißsein im Widerspruch* (s. Anm. 8), S. 21.

69 Vgl. ebd., S. 81–88.

70 Ebd., S. 85.

71 Ebd., S. 86.

72 Zu diesem Terminus: Per Leo, »Über Nationalsozialismus sprechen. Ein Verkomplizierungsversuch«, in: *Merkur* 70 (2016) H. 804, S. 29–41.

73 Kerner, »Critical Whiteness Studies« (s. Anm. 63), S. 286.

5 Was tun mit Privilegien?

1 Vgl. hierzu etwa Thomas Alkemeyer / Nikolaus Buschmann / Thomas Etzemüller (Hrsg.), *Gegenwartsdiagnosen. Kulturelle Formen gesellschaftlicher Selbstproblematisierung in der Moderne,* Bielefeld 2019.

2 Zit. nach: Clemens Albrecht, »Universalismen – Partikularismen. Zur Kultursoziologie von Geltungsansprüchen«, in: Peter Geiss / Dominik Geppert / Julia Reuschenbach (Hrsg.), *Eine Werteordnung für die Welt? Universalismus in Geschichte und Gegenwart,* Baden-Baden 2019. S. 25–44, hier S. 31.

3 Die Hintergründe erläutert Andreas Heyer, »Die Last der Verschwörung – Gracchus Babeufs Theorie der Freiheit und Gleichheit«, in: *Utopie kreativ* (2007) H. 195, S. 5–19.

4 Zit. nach: Albrecht, »Universalismen – Partikularismen« (s. Anm. 2), S. 31.

5 Ludwig Wittgenstein, *Philosophische Untersuchungen,* Frankfurt a. M. 1971.

6 Vgl. aber Sighard Neckel, »›Refeudalisierung‹ – Systematik und Aktualität eines Begriffs der Habermas'schen Gesellschaftsanalyse«, in: *Leviathan* 41 (2013) S. 39–56.

7 Mills, »Weißes Nichtwissen« (s. Kap. 4, Anm. 1).

8 Ebd., S. 202 f.

9 Connell, *Der gemachte Mann* (s. Kap. 4, Anm. 32).

10 Vgl. hierzu BauSteineMänner, *Kritische Männerforschung. Neue Ansätze in der Geschlechtertheorie*, Hamburg/Berlin 1996.

11 Vgl. hierzu etwa Franziska Schutzbach, »Dominante Männlichkeit und reaktionäre Weltanschauungen in der Pick-Up-Artist-Szene«, in: *Feministische Studien* 36 (2018) S. 305–321; Susanne Kaiser, *Politische Männlichkeit. Wie Incels, Fundamentalisten und Autoritäre für das Patriarchat mobilmachen*, Berlin 2020; Veronika Kracher, *Incels. Geschichte, Sprache und Ideologie eines Online-Kults*, Mainz 2020.

12 Andreas Reckwitz, *Die Gesellschaft der Singularitäten. Zum Strukturwandel der Moderne*, Berlin 2017. Hier: S. 280 f.

13 Katharina Rutschky, »Die Gleichen und die Supergleichen«, in: *tageszeitung*, 5. 8. 1997, S. 10.

14 Vgl. hierzu auch François Jullien, *Über die Wirksamkeit*, übers. von Gabriele Ricke und Ronald Voullié, Berlin 1999.

15 Fortgang, »Checking my Privilege« (s. Kap. 4, Anm. 2), S. 17–20.

16 Mohamed Amjahid, *Unter Weißen. Was es heißt, privilegiert zu sein*, München 2017, S. 12; Emma Dabiri, *Was weiße Menschen jetzt tun können. Von »Allyship« zu echter Koalition*, Berlin 2022.

17 Astrid Messerschmidt, »Postkoloniale Erinnerungsprozesse in einer postnationalsozialistischen Gesellschaft – vom Umgang mit Rassismus und Antisemitismus«, in: *Peripherie* 28 (2008) H. 109/110, S. 42–60, hier S. 44.

18 Amjahid, *Unter Weißen* (s. Anm. 16), S. 13.

19 Roxane Gay, *Bad Feminist. Essays*, übers. von Anne Spielmann, München 2014, S. 35.

20 Ebd., S. 34; vgl. hierzu auch Carmen Mörsch, »Allianzen zum Verlernen von Privilegien: Plädoyer für eine Zusammenarbeit zwischen kritischer Kunstvermittlung und Kunstinstitutionen der Kritik«, in: Nanna Lüth / Sabine Himmelsbach (Hrsg.): *medien kunst vermitteln*, Berlin 2011, S. 19–31.

21 Jacques Rancière, *Das Unvernehmen. Politik und Philosophie*, übers. von Richard Steurer, Frankfurt a. M. 2002.

22 Kevin Vennemann, »In der Nähe sprechen«, in: *Merkur* 75 (2021) H. 868, S. 19–31, hier S. 28.

23 Gayatri Chakravorty Spivak, *Righting Wrongs – Unrecht richten. Über die Zuteilung von Menschenrechten*, Zürich/Berlin 2008, S. 26.

24 Vgl. hierzu Markus Rieger-Ladich, *Bildungstheorien zur Einführung*, Hamburg 2020, S. 146–157.

25 Spivak, *Righting Wrongs* (s. Anm. 23), S. 22.

26 Vgl. hierzu Alisha M. B. Heinemann / María do Mar Castro Varela, »Ambivalente Erbschaften. Verlernen erlernen!«, in: *Zwischenräume* #10 (2016) S. 1–6. Bemerkenswert ist auch der Aufruf eines Schwarzen US-amerikanischen Kulturkritikers, die Kategorie *Race* zu »verlernen«: Thomas Chatterton Williams, *Selbstporträt in Schwarz und Weiß. Unlearning Race*, übers. von Dominik Fehrmann, Berlin 2021.

27 Peeters, *Derrida* (s. Kap. 3, Anm. 43).

28 Siegfried Bernfeld, *Sisyphos oder die Grenzen der Erziehung*, Frankfurt a. M. 1967, S. 96.

29 Mark Terkessidis, *Interkultur*, Berlin 2010.

30 Bernfeld und Bourdieu haben indes auch Vorschläge für die Reform des Bildungswesens gemacht. Vgl. Markus Rieger-Ladich, »Rationale Pädagogik: Siegfried Bernfeld – Heinz Joachim Heydorn – Pierre Bourdieu«, in: Hannelore Faulstich-Wieland (Hrsg.), *Umgang mit Heterogenität und Differenz*, Hohengehren 2011, S. 141–159.

31 Vgl. Curran/Gates, »Die Erfindung der wissenschaftlichen Rassetheorien« (s. Kap. 4, Anm. 62).

32 Ruth Sonderegger, »Kants Ästhetik im Kontext des kolonial gestützten Kapitalismus. Ein Fragment zur Entstehung der philosophischen Ästhetik als Sensibilisierungsprojekt«, in: *Zeitschrift für Ästhetik und Allgemeine Kunstwissenschaft* 67 (2018) H. 2, S. 110–125.

33 Kerner, »Critical Whiteness Studies« (s. Kap. 4, Anm. 63), S. 290.

34 Jan Feddersen und Philipp Gessler haben diese Problematik in ihrem Buch auf sehr faire, klug abwägende Weise diskutiert: Jan Feddersen / Philipp Gessler, *Kampf der Identitäten. Für eine Rückbesinnung auf linke Ideale*, Berlin 2021.

35 Maria-Sibylla Lotter, »Ich bin schuldig, weil ich bin (weiß, männlich und bürgerlich). Politik als Läuterungsdiskurs«, in: Herwig Grimm / Stephan Schleissig (Hrsg.), *Moral und Schuld. Exkulpationsnarrative in Ethikdebatten*, Baden-Baden 2019, S. 67–86; vgl. auch Serhat Karakayali, »Die Camera Obscura der Identität: Zur Reichweite des Critical-Whiteness-Ansatzes«, in: *Prokla* 45 (2015) H. 178, S. 117–134.

36 Walter Benn Michaels, *Der Trubel um Diversität. Wie wir lernten, Identitäten zu lieben und Ungleichheit zu ignorieren*, Berlin 2021, S. 11 f.

37 Svenja Goltermann / Philipp Sarasin, »#Zuhören. Die politischen Fallstricke einer schönen Idee«, in: *Geschichte und Gegenwart*, 6. 1. 2019: https://geschichtedergegenwart.ch/zuhoeren-die-politischen-fallstricke-einer-schoenen-idee/

38 David Baddiel, *Und die Juden?*, übers. von Stephan Kleiner, Berlin 2021, S. 48.

39 Ebd., S. 28.

40 Siehe hierzu das erhellende Nachwort von Felix Axster und Jana König, in: Michael Rothberg, *Multidirektionale Erinnerung. Holocaustgedenken im Zeitalter der Dekolonisierung*, übers. von Max Henninger, Berlin 2021.

41 Gay, *Bad Feminist* (s. Anm. 19), S. 36; Baddiel, *Und die Juden?* (s. Anm. 38), S. 52.

42 Vgl. Michaels, *Der Trubel um Diversität* (s. Anm. 36), S. 44.

43 Ebd., S. 136.

44 Esme Choonara / Yuri Prasad, »Der Irrweg der Privilegientheorie«, in: *International Socialism. A Quaterly Review of Socialist Theory* 142 (2020): http://isj.org.uk/der-irrweg-der-privilegientheorie/

45 Ebd.

46 Michaels, *Der Trubel um Diversität* (s. Anm. 36), S. 137.

47 Ebd., S. 259.

48 Thomas Assheuer, »Es geht um Universalismus«, in: *Die Zeit*, 7. 2. 2020, Nr. 7, S. 49.

49 Markus Messling, *Universalität nach dem Universalismus. Über frankophone Literaturen der Gegenwart*, Berlin 2019, S. 15.

50 Ich nenne hier nur einige neuere Beiträge: Floris Biskamp, »Kritik der weißen Vernunft«, in: *Tagesspiegel*, 21. 6. 2020, S. 13; Omri Boehm, »Sie wollen ihn stürzen sehen«, in: *Die Zeit*, 26. 11. 2020, Nr. 49, S. 56 f.; Alison Stone, »Das Wirkliche ist das Ungleiche«, in: *Frankfurter Allgemeine Zeitung*, 16. 2. 2022, Nr. 39, S. 13.

51 Jacques Derrida, *Leben ist Überleben*, Wien 2017, S. 47 ff.

52 Albrecht, »Universalismen – Partikularismen« (s. Anm. 2), S. 33.

53 Ebd.

54 Vgl. ebd.

55 Pierre-André Boutang, *Abécédaire. Gilles Deleuze von A bis Z*, 3 DVDs, 2009.

Dank

Bei der Arbeit an diesem Buch bin ich auf vielfältige Weise unterstützt worden. Daher sage ich an dieser Stelle Dank. Zunächst sei Heinz Mohnhaupt erwähnt, der am Max-Planck-Institut für Rechtsgeschichte und Rechtstheorie in Frankfurt am Main arbeitet und seit 50 Jahren (!) zum Privileg forscht. Seinen Studien verdanke ich sehr viel. Sie haben mir den Zugang zur rechtstheoretischen Dimension von Privilegien erschlossen. Ich freue mich schon darauf, den persönlichen Austausch mit ihm fortzusetzen.

Sehr profitiert habe ich auch von der Lektüre einzelner Kapitel durch meine Tübinger Kolleg:innen aus der Allgemeinen Erziehungswissenschaft. Sie haben eifrig gelesen, kommentiert und mich auf manche Unzulänglichkeiten hingewiesen. Dafür gilt mein Dank Christian Grabau, Anne Rohstock und Mirjam Seits. Milena Feldmann hat das komplette Manuskript gelesen und mich, gemeinsam mit Linnéa Hoffmann, tatkräftig unterstützt. Anregend war es auch, das Konzept des Buches im Sommer 2022 mit meinen Doktorand:innen und den Teilnehmerinnen des Seminars »Wissenschaft und Aktivismus« zu besprechen. Dafür: Thanks!

Daran, dass aus der Idee zu einem schlanken Essay ein Buch wurde, sind noch weitere Personen beteiligt. Albrecht von Lucke von den *Blättern für deutsche und internationale Politik* hat mich im Sommer 2021 dazu ermutigt, ein umfangreicheres Buchprojekt hintanzustellen und der Arbeit zum Privileg Priorität einzuräumen. Darin hat mich auch Hanna Leitgeb bestärkt, die sofort Interesse an meinem Vorhaben signalisierte und es als Literaturagentin auf sehr kompetente Weise begleitete. Als ausgesprochen angenehm und konstruktiv erwies sich auch die Zusammenarbeit mit dem Team des Reclam Verlags. Schließlich gehen Credits an Karen van den Berg, meine Frau. Sie war auch bei diesem Buch die erste Adresse, wenn ich neue Ideen hatte und diese unbedingt teilen musste.